杭州优秀传统文化丛书
Hangzhou Youxiu Chuantong Wenhua Congshu

海客话天城

朱可 朱昱成—著

杭州出版社

图书在版编目（CIP）数据

海客话天城 / 朱可, 朱昱成著. -- 杭州：杭州出版社, 2021.12
（杭州优秀传统文化丛书）
ISBN 978-7-5565-1648-3

Ⅰ.①海… Ⅱ.①朱… ②朱… Ⅲ.①杭州—地方史 Ⅳ.① K295.51

中国版本图书馆 CIP 数据核字（2021）第 269729 号

Haike Hua Tiancheng

海客话天城

朱　可　朱昱成　著

责任编辑	李竹月
装帧设计	章雨洁
美术编辑	祁睿一
责任校对	陈铭杰
责任印务	姚　霖
出版发行	杭州出版社（杭州市西湖文化广场32号6楼）
	电话：0571-87997719　邮编：310014
	网址：www.hzcbs.com
排　版	浙江时代出版服务有限公司
印　刷	天津画中画印刷有限公司
经　销	新华书店
开　本	710 mm × 1000 mm　1/16
印　张	14.25
字　数	175千
版印次	2021年12月第1版　2021年12月第1次印刷
书　号	ISBN 978-7-5565-1648-3
定　价	58.00元

（版权所有　侵权必究）

序 言

文化是城市最高和最终的价值

我们所居住的城市，不仅是人类文明的成果，也是人们日常生活的家园。各个时期的文化遗产像一部部史书，记录着城市的沧桑岁月。唯有保留下这些具有特殊意义的文化遗产，才能使我们今后的文化创造具有不间断的基础支撑，也才能使我们今天和未来的生活更美好。

对于中华文明的认知，我们还处在一个不断提升认识的过程中。

过去，人们把中华文化理解成"黄河文化""黄土地文化"。随着考古新发现和学界对中华文明起源研究的深入，人们发现，除了黄河文化之外，长江文化也是中华文化的重要源头。杭州是中国七大古都之一，也是七大古都中最南方的历史文化名城。杭州历时四年，出版一套"杭州优秀传统文化丛书"，挖掘和传播位于长江流域、中国最南方的古都文化经典，这是弘扬中华优秀传统文化的善举。通过图书这一载体，人们能够静静地品味古代流传下来的丰富文化，完善自己对山水、遗迹、书画、辞章、工艺、风俗、名人等文化类型的认知。读过相关的书后，再走进博物馆或观赏文化景观，看到的历史遗存，将是另一番面貌。

过去一直有人在质疑，中国只有三千年文明，何谈五千年文明史？事实上，我们的考古学家和历史学者一直在努力，不断发掘的有如满天星斗般的考古成果，实证了五千年文明。从东北的辽河流域到黄河、长江流域，特别是杭州良渚古城遗址以4300—5300年的历史，以夯土高台、合围城墙以及规模宏大的水利工程等史前遗迹的发现，系统实证了古国的概念和文明的诞生，使世人确信：这里是古代国家的起源，是重要的文明发祥地。我以前从来不发微博，发的第一篇微博，就是关于良渚古城遗址的内容，喜获很高的关注度。

我一直关注各地对文化遗产的保护情况。第一次去良渚遗址时，当时正在开展考古遗址保护规划的制订，遇到的最大难题是遗址区域内有很多乡镇企业和临时建筑，环境保护问题十分突出。后来再去良渚遗址，让我感到一次次震撼：那些"压"在遗址上面的单位和建筑物相继被迁移和清理，良渚遗址成为一座国家级考古遗址公园，成为让参观者流连忘返的地方，把深埋在地下的考古遗址用生动形象的"语言"展示出来，成为让普通观众能够看懂、让青少年学生也能喜欢上的中华文明圣地。当年杭州提出西湖申报世界文化遗产时，我认为是一项需要付出极大努力才能完成的任务。西湖位于蓬勃发展的大城市核心区域，西湖的特色是"三面云山一面城"，三面云山内不能出现任何侵害西湖文化景观的新建筑，做得到吗？十年申遗路，杭州市付出了极大的努力，今天无论是漫步苏堤、白堤，还是荡舟西湖里，都看不到任何一座不和谐的建筑，杭州做到了，西湖成功了。伴随着西湖申报世界文化遗产，杭州城市发展也坚定不移地从"西湖时代"迈向了"钱塘江时代"，气势磅礴地建起了杭州新城。

从文化景观到历史街区，从文物古迹到地方民居，众多文化遗产都是形成一座城市记忆的历史物证，也是一座城市文化价值的体现。杭州为了把地方传统文化这个大概念，变成一个社会民众易于掌握的清晰认识，将这套丛书概括为城史文化、山水文化、遗迹文化、辞章文化、艺术文化、工艺文化、风俗文化、起居文化、名人文化和思想文化十个系列。尽管这种概括还有可以探讨的地方，但也可以看作是一种务实之举，使市民百姓对地域文化的理解，有一个清晰完整、好读好记的载体。

传统文化和文化传统不是一个概念。传统文化背后蕴含的那些精神价值，才是文化传统。文化传统需要经过学者的研究提炼，将具有传承意义的传统文化提炼成文化传统。杭州在对丛书作者写作作了种种古为今用、古今观照的探讨交流的同时，还专门增加了"思想文化系列"，从杭州古代的商业理念、中医思想、教育观念、科技精神等方面，集中挖掘提炼产生于杭州古城历史中灵魂性的文化精粹。这样的安排，是对传统文化内容把握和传播方式的理性思考。

继承传统文化，有一个继承什么和怎样继承的问题。传统文化是百年乃至千年以前的历史遗存，这些遗存的价值，有的已经被现代社会抛弃，也有的需要在新的历史条件下适当转化，唯有把传统文化中这些永恒的基本价值继承下来，才能构成当代社会的文化基石和精神营养。这套丛书定位在"优秀传统文化"上，显然是注意到了这个问题的重要性。在尊重作者写作风格、梳理和讲好"杭州故事"的同时,通过系列专家组、文艺评论组、综合评审组和编辑部、编委会多层面研读,和作者虚心交流,努力去粗取精,古为今用,这种对文化建设工作的敬畏和温情,值得推崇。

人民群众才是传统文化的真正主人。百年以来,中华传统文化受到过几次大的冲击。弘扬优秀传统文化,需要文化人士投身其中,但唯有让大众乐于接受传统文化,文化人士的所有努力才有最终价值。有人说我爱讲"段子",其实我是在讲故事,希望用生动的语言争取听众。今天我们更重要的使命,是把历史文化前世今生的故事讲给大家听,告诉人们古代文化与现实生活的关系。这套丛书为了达到"轻阅读、易传播"的效果,一改以文史专家为主作为写作团队的习惯做法,邀请省内外作家担任主创团队,组织文史专家、文艺评论家协助把关建言,用历史故事带出传统文化,以细腻的对话和情节蕴含文化传统,辅以音视频等其他传播方式,不失为让传统文化走进千家万户的有益尝试。

中华文化是建立于不同区域文化特质基础之上的。作为中国的文化古都,杭州文化传统中有很多中华文化的典型特征,例如,中国人的自然观主张"天人合一",相信"人与天地万物为一体"。在古代杭州老百姓的认知里,由于生活在自然天成的山水美景中,由于风调雨顺带来了富庶江南,勤于劳作又使杭州人得以"有闲",人们较早对自然生态有了独特的敬畏和珍爱的态度。他们爱惜自然之力,善于农作物轮作,注意让生产资料休养生息;珍惜生态之力,精于探索自然天成的生活方式,在烹饪、茶饮、中医、养生等方面做到了天人相通;怜惜劳作之力，长于边劳动、边休闲娱乐和进行民俗、艺术创作，做到生产和生活的和谐统一。如果说"天人合一"是古代思想家们的哲学信仰，那么"亲近山水，讲求品赏"，应该是古代杭州人的生动实践，并成为影响后世的生活理念。

再如，中华文化的另一个特点是不远征、不排外，这体现了它的包容性。儒学对佛学的包容态度也说明了这一点，对来自远方的思想能够宽容接纳。在我们国家的东西南北甚至是偏远地区，老百姓的好客和包容也司空见惯，对异风异俗有一种欣赏的态度。杭州自古以来气候温润、山水秀美的自然条件，以及交通便利、商贾云集的经济优势，使其成为一个人口流动频繁的城市。历史上经历的"永嘉之乱，衣冠南渡"、"安史之乱，流民南移"，特别是"靖康之变，宋廷南迁"，这三次北方人口大迁移，使杭州人对外来文化的包容度较高。自古以来，吴越文化、南宋文化和北方移民文化的浸润，特别是唐宋以后各地商人、各大商帮在杭州的聚集和活动，给杭州商业文化的发展提供了丰富营养，使杭州人既留恋杭州的好山好水，又能用一种相对超脱的眼光，关注和包容家乡之外的社会万象。这种古都文化，也代表了中华文化的包容性特征。

城市文化保护与城市对外开放并不矛盾，反而相辅相成。古今中外的城市，凡是能够吸引人们关注的，都得益于与其他文化的碰撞和交流。现代城市要在对外交往的发展中，进行长期和持久的文化再造，并在再造中创造新的文化。杭州这套丛书，在尽数杭州各色传统文化经典时，有心安排了"古代杭州与国内城市的交往""古代杭州和国外城市的交往"两个选题，一个自古开放的城市形象，就在其中。

"杭州优秀传统文化丛书"在传统和现代的结合上，想了很多办法，做了很多努力，他们知道传统文化丛书要得到广大读者接受，不是件简单的事。我们已经走在现代化的路上，传统和现代的融合，不容易做好，需要扎扎实实地做，也需要非凡的创造力。因为，文化是城市功能的最高价值，也是城市功能的最终价值。从"功能城市"走向"文化城市"，就是这种质的飞跃的核心理念与终极目标。

2020年9月

（单霁翔，中国文物学会会长）

浙江名胜图（局部）

目　录

001　引　言

第一章
天竺僧，风尘仆仆来钱唐

005　一、慧理，慧眼辟古刹
010　二、刹利，持咒退潮水

第二章
称杭州，名正言顺扩交往

019　一、大运河沟通南北
024　二、新罗人往来频繁
027　三、学问僧造访灵隐
032　四、凤凰寺初见雏形

第三章
作王城，铜钟大吕奏和声

041　一、博易务很重要

044　二、去日本很方便

047　三、去高丽很频繁

051　四、沉船里很"吴越"

第四章

成"行在"，蓬蓬勃勃谱华章

059　一、市舶司，海外交流真少不了它

066　二、转智和尚，他真的来自日本

070　三、慧因寺，为什么改称高丽寺

075　四、"行在"，真的有这么繁华

082　五、"尺八"，难道不是天音吗？

087　六、径山茶宴，肯定是一门艺术

093　七、径山寺，重建义不容辞

第五章

赞天城，神神秘秘引外客

101　一、多么繁华的"小杭州"——杭州外港澉浦港印象

106　二、多么奇妙的"华贵天城"——马可·波罗的咏叹

112　三、"整卷纸都写不下我所知的事"——鄂多立克的赞美

116　四、"还以为讲述者是在说谎"——马黎诺里的低吟

119　五、这真是一座"天堂之城"——伊本·白图泰的歌唱

第六章
看世界，西学东渐找差距

125　一、利玛窦："中国人对世界一无所知"

130　二、李之藻："中国难道不是世界的中心吗"

134　三、杨廷筠：我在杭州建造了第一座天主教堂

138　四、卫匡国：死了就葬在杭州的意大利人

144　五、金尼阁：用拉丁文给汉字注音

147　六、崔溥：差点遭遇海难的高丽人与他的《漂海录》

152　七、陈元赟：被称为日本"柔道鼻祖"的余杭人

156　八、东皋心越，有鉴真之风的得道高僧

161　九、马戛尔尼，他们在杭州引起过惊慌
166　十、西湖"题名景观"，影响到日本和朝鲜

第七章
观交往，你来我往是方向

175　一、在中国60余年的丁韪良
180　二、能将《圣经》翻译成杭州方言的慕雅德
185　三、详细考察过杭州御街的盖洛
190　四、出生在杭州的美国大使司徒雷登
197　五、编著过杭州英文旅行指南的费佩德
202　六、用镜头记录美丽杭州的甘博
206　七、历史的见证——拱宸桥

引 言

作为一座以"上有天堂,下有苏杭"著称的城市,作为名列"六大古都"之一的繁华都市,我们生活的杭州古老而具活力,秀丽又显优雅,轻盈不失厚重,是理想的宜居天堂。无论春夏秋冬,无论明晦晨昏,它的美无处不在、无时不有。丰富厚实的文化积淀,旖旎明秀的湖山景致,使苏东坡在《怀西湖寄晁美叔同年》一诗中发出了"西湖天下景,游者无愚贤。深浅随所得,谁能识其全"的感叹。杭州的美、西湖的秀是什么时候形成的,又是怎样被人们逐渐认可的呢?

开放、包容、宜居,是现在杭州的城市基调;"东方休闲之都",是现在杭州的城市形象定位;来自五湖四海的国际友人、星罗棋布的外商企业、交融共生的文化元素,是现在杭州的城市风貌。近年来,作为一个城区与江、河、湖、山紧密相连的城市,杭州先后获得"联合国人居奖""国际花园城市"等荣誉称号,其国际化程度、国际知名度都与日俱增。

那么,杭州是什么时候对外展开自己开放的怀抱的?杭州的对外交往是否一直这么顺畅、有序?它经历过怎样的交往历程?吟诵的是一曲怎样动人的咏叹调?

第一章

天竺僧，风尘仆仆来钱唐

秦王政二十五年（前222），秦灭楚，于今杭州地置钱唐县，隶属于会稽郡。它的管辖范围很小，刘道真①《钱唐记》载"县在灵隐山下"，这是一个典型的山中小县。

作为一个山中小县，"烟波浩渺，山路崎岖"八个字非常生动地描述了当时钱唐县的地理环境。西湖形成的时间比较迟，它曾是与钱塘江（时称浙江）连成一片的。大家可以想象一下这样的情景：钱唐县的东南面是水面辽阔、烟波浩渺的汪洋，钱塘江水可以一直涌到宝石山下，其他三面环山。也就是说，当时钱唐县的对外交流主要依赖几条崎岖的山路，往来非常不易。

直到六朝（东吴、东晋、宋、齐、梁、陈）时期，一群天竺僧人，带着满怀的信仰和满脸的风尘，步履蹒跚、历尽艰难来到钱唐。杭州的对外交往之门，就在这一阵阵梵音中缓缓打开；杭州的对外交往序章，也在这一声声佛号中悄然谱就。

---

① 一说刘真道。

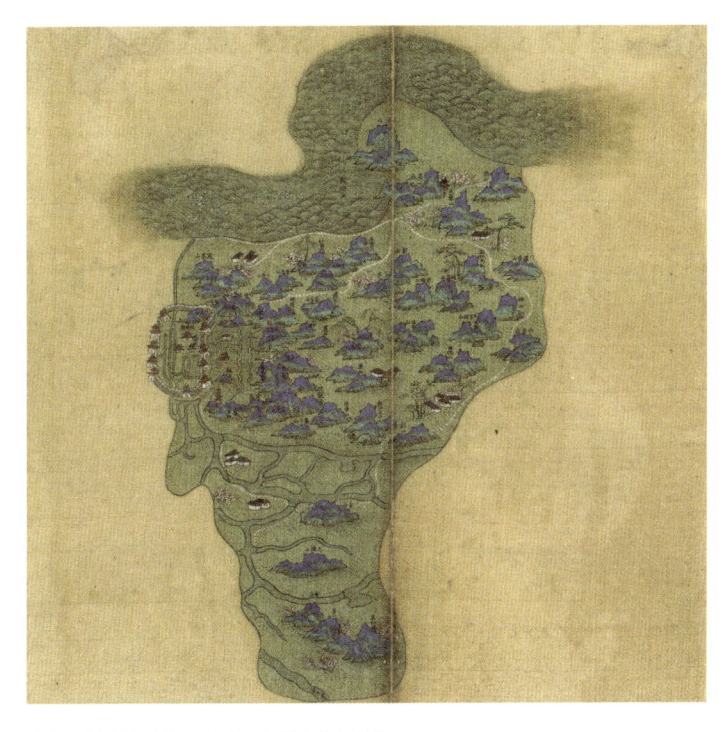

清代青绿彩绘《浙江全图·杭州府钱塘县》

一、慧理，慧眼辟古刹

慧理，西印度人，史称"天竺僧"，生卒年不详。于东晋咸和年间（326—334）来中国，初住杭州时，见其地山岩秀丽，遂建灵鹫、灵隐等五刹[1]。师常晏坐于岩中，故世人称其处为理公岩。

偏僻的山中小县钱唐突然热闹起来，人们被一个高瘦、黑瘠、光头，带着浓重外地口音的男子所吸引。只见他身着一件宽大的、打着很多补丁的衣服，脚上穿着一双麻鞋，背着一个包袱，包袱上插着一把油伞，风尘仆仆，汗流浃背。人们一看就知道他经过长途跋涉，但从他的脸上却看不到一丝疲惫和慵懒。稍加留意，人们还能发现他的脸上带有坚毅的神情，眼神中透着挑剔。

[1] 孙治初辑，徐增重修：《灵隐寺志》卷一《开山始迹》。

第一章 天竺僧，风尘仆仆来钱唐

他从宝石山下走来，沿着老和山一直朝武林山方向走去。一些好客的当地人实在忍不住，开始与他交谈起来。他虽然只能生涩地讲几句当地话，但加上一些手势，人们大致能够听懂他的意思。

路上，有些感兴趣的人问他："你从哪里来？"他回答说："我来自天竺。""天竺在哪里？离我们这里远吗？""天竺啊，是佛的家乡。离这里远着呢！我都走了好几年了。"

人们进一步追问："你来这里干什么？"他意味深长地笑笑，没有回答。人们更加被他吸引了，许多人跟着他走，跟着他看。

当走到武林山下的时候，人们发现他的眼睛突然亮了。他指着对面的一座小山峰，高兴地说："这不是我家乡中天竺灵鹫峰上的小岭吗？怎么飞到这里来了？"旁边的人更加感到惊奇了：不会吧，山也能从很远的地方飞来？

一个中年人脱口而出："不可能！山怎么可能会飞过来？"那个外乡男子胸有成竹地说："你们别不信。这座山峰上有黑白二猿，它们一直在这里修行。山峰既然飞过来，这两只猿一定也在。"

于是他用手一拍，黑白二猿果然在众人惊奇的眼光中从山上跑下来。围观的众人目瞪口呆，大家看着他带着两只猿走向山中，隐入丛林。

第二天，那个怀疑过峰从天竺飞来的中年男子对前一天的事还是难以释怀，就约了几个人到山上去看那个外乡男子到底在干什么。当他们走到一个岩洞旁时，只听到一阵吟诵声透洞而出，声音祥和、悠扬。

他们发现那个外乡男子正在岩洞里静坐、唱诵，连忙进洞与他打招呼，顺便道："请问你叫什么名字？在这里干什么？"外乡男子双手合十，回答道："阿弥陀佛，我叫慧理，感谢各位施主。我在这里念佛，这是我每天必做的功课。"

人们更好奇了："什么是佛？为什么要每天念？"慧理笑着说："你们这么有心，我就同你们谈谈佛吧！佛是大智、大悲与大能的人。你们想想看，人活着有哪些苦啊？"

那个中年人脱口而出："生病很痛苦，没有饭吃很痛苦。"旁边一人紧跟了一句："人老了才叫苦呢！走不动路，看不清东西，吃东西也没味道……"大家七嘴八舌说了很多。

只见慧理频频点头，说道："对啊！生、老、病、死都是苦，人活着之所以要受这些苦，关键在于人有欲望，而要真正消灭这些欲望，就必须修行。我每天做这些功课，就是在修行啊。"旁听的人带着向往的神情，越听越有味。

他们听慧理讲佛缘、谈佛理，不知不觉间就过去一个多时辰了。只听得有人肚子咕咕地叫，大家才想起该吃中饭了。中年男子连忙拿出一个陶甏，这里有家人给他准备的午饭，里面有些蔬菜和零星的几片肉，还有一些葱、姜。

他关心地问慧理："你吃过饭了吗？我们一起吃吧！"一边说，一边把饭捧到慧理面前。慧理拿出几个鲜果，对他们说："出家人不能吃荤腥，我有几个鲜果足矣。"

看到慧理如此虔诚、这么坚持，几个人不由得从心中发出一句感慨："天竺僧，真棒！"他们因为还要上山砍柴，就同慧理说："明天我们再来，听你讲佛的故事。"慧理与他们合十告别。

几个人回家后，不约而同地同家里人说起那个外乡男子的故事，人们才知道这是一个来自天竺的僧人，名叫慧理。他所说的佛的故事，大家非常感兴趣。

第三天，来看慧理的人越来越多。人们从慧理的口中知道佛又称为"释迦牟尼"，出生于离钱唐很远很远的一个叫迦毗罗卫国（现在尼泊尔境内）的地方，他还是释迦族的一个王子呢。释迦牟尼感到人世间的变幻无常，一直在思考怎么能够解脱人的生老病死之苦，为此，他舍弃王族生活，在29岁的时候出家修行。后来在菩提树下静思"成道"，游行教化，被尊为佛陀。

一听佛为了得道，放弃了到手的荣华富贵，想想自己现在过的苦日子，听讲的人都对慧理所讲的来世充满了好奇。他们逐渐相信：只要虔诚信佛、努力修行，就能在来世脱离苦海，过上好日子。

一传十、十传百，来听慧理讲佛的人越来越多，岩洞都已经坐不下了。那个中年男人建议，我们不如帮大师建个茅屋吧，这样有更多的人能来听大师讲佛。于是，一呼百应，大家齐心协力，几天工夫就建好了一座茅屋。

不久，阵阵讲经说法声、诵经声就从茅屋中传出，时间一长，这里慢慢形成了一个寺观。后人就以慧理的"此地乃仙灵所隐"感叹，将其命名为灵隐寺，把慧理

理公塔

打坐冥想的洞称为"理公洞"。

后来，慧理讲佛之事传遍了钱唐县，很多地方都请慧理前去讲佛。为了方便慧理讲佛和听众听经，好几个地方都同灵隐寺一样，在慧理的指导下修建了茅屋，日渐形成了寺庙群。

史志《灵隐寺志·开山始迹》记载说，灵鹫、灵山、灵峰、灵隐等都是慧理所建，史称"连建五刹"。甚至还有慧理在杭州建有十刹的说法（其名不详）。

深山藏古刹，钱唐钟灵的山水、毓秀的神气深深打动了慧理。一座灵隐古寺足以在杭州对外交往的乐章上敲下一个重重的音符——此峰或从天竺来，唱诵千年的佛音就这样一直传至今日。

灵隐寺坐落于林木葱郁、流水潺潺的灵隐山，始建于东晋咸和三年（328）[1]，距今已有近1700年的历史，

[1] 一说建于咸和元年（326）。

第一章 天竺僧，风尘仆仆来钱唐

这可比唐三藏去"西天"取经还要早300多年呢。

"飞来峰"和"呼猿洞"现在还是灵隐景区的著名景点。我们可以推理，这种现象肯定带有后人的想象与神化。我们也无从考证，慧理是否真的从山上呼下黑白两猿。但我们可以肯定地说，经历过多年风雨的洗礼，阅山无数、涉水千条的慧理，被这里山的秀丽、水的灵气所吸引，他认为这是他理想的驻锡之地、禅定之所。

来到钱唐的慧理再也离不开这片热土，可以说，他对钱唐的情感一直延续到圆寂。相传慧理死后就埋在飞来峰下，与这片他认为的"仙灵所隐"之地紧密地融为一体。

为了纪念这位灵隐寺的开山之祖，后人在龙泓洞附近建了理公塔。此塔后来不断被重建，我们现在看到的理公塔就是明代重建的。

当我们来到灵隐寺，面对"理公之塔"斑驳的青苔、古朴的青砖，我们的脑海中总会自然而然地浮现出一个清瘦的形象、一双坚定的眼睛、一副禅定的神情，这就是天竺僧人慧理的文化印记，当然也是早期杭州对外交往的印记。慧理和他所创建的灵隐寺，已经成为杭州对外交往的一个标志。

二、刹利，持咒退潮水

晋宝逵，晦迹武林山，号刹利禅师。寺中印沙床、照佛鉴乃遗迹。浙江惊涛，激射湖上诸山。逵密持秘咒。一夜有伟人，黑冠朱衣，谒曰：'弟子伍员，愤心未雪，师慈心为物，敬闻命矣。'自是潮击西兴，浙之东岸沙涨数里。（〔清〕施维翰等

《康熙浙江通志》)①

东晋年间，钱唐街头又出现了一位天竺僧人，只见他行色匆匆，满头大汗。由于这段时间来自天竺的僧人往来较多，当地百姓也都见多不怪。他们往往称这些来自异域的僧人为"胡僧"或"西僧"。

本来他们对这位西僧也没多加关注，但见他从早走到晚，一刻不停地跋山涉水，就觉得有些奇怪了。当这位西僧第二次从老和山这里转过来时，有热心人就迎上前去问道："大师，你在寻找什么？我能帮你什么忙？"

只见那位僧人边擦汗，边气喘吁吁地回答说："我想找一处修行之地，但这里没有我理想的驻锡之所啊！"旁边一人马上接口说："你要修行？我知道有一好去处，我带你去！"

这位天竺僧人跟着这位热心肠的乡民一直走到灵隐山下。当看到秀丽的山景和淙淙的流水时，这位僧人的脚步停了下来，眼中透露出就是这里的神情，他喃喃自语说："这里，就是这里，这真是一处修行的好地方啊！"他转身对带路的人说："这就是我的禅定之所。"

那位乡民接着说："我知道你会看上这里。好多年前，有一位同你一样也来自天竺的僧人，叫慧理，他也看中了这个地方，在这里建过一座寺观，我们都叫它灵隐寺，因为慧理大师说，这是一处仙灵所隐之地。"只见这位天竺僧人感叹地说："心中有佛，所见相同。"他向那位乡民合掌致谢。

过了几天，人们发现原来曾经一度荒废的灵隐寺上用石头垒成了一间小房子，那位西僧静坐其中，清脆的木鱼声与祥和的诵经声在幽静的山中久久回响。

大家逐渐得知这位天竺僧人叫宝逵，号刹利禅师。后来几年，他一直在灵隐寺垒石为室，苦志修行，奉行"不食众生肉""日中一饭，过午不食"的戒律，人人都对他敬重有加。

一日，刹利禅师外出云游讲经。当他经过钱塘江边时，只见江面上云雾缭绕，潮水汹涌。潮水拍打江岸，仿佛千军万马奔驰而至。更让人感到恐惧的是，巨大的潮水如同利箭一样激射到岸旁的山坡上，一些农作物被席卷一空，一些民居也在雷霆一样巨大的声音中轰然倒塌，围观者发出了一阵阵惊叹。

刹利禅师对围观的当地人说："这里的潮水为什么与别处不同？怎么会有如此惊天巨潮？这对老百姓的生活很不利啊！"

旁边围观的一个当地人用神秘的语气同他说："因为这里有潮神啊！这个潮神就是吴国大臣伍子胥。他满腔忠心，一心为国，却因为奸臣伯嚭的中伤，结果被昏君夫差赐剑自杀。天帝也怜惜他的遭遇，封他为潮神。每个月的十五日，伍子胥就会驾着驷马大车，指挥着千军万马来宣泄他的怨气，所以这里的潮水比其他地方大啊！我们的生活当然受到影响，如果潮水能够小一点就好了。"

刹利深思道："为了个人之怨，每月把灾难带给百姓，这不应该是忠臣所为啊！我一定要同他好好谈谈。"旁人奇怪道："他死去几百年了，又是潮神，你怎么同他谈啊？"刹利淡然一笑，说："我有秘咒！"

钱塘江大桥

　　只见他从背上的袋中拿出一张写有字符的黄纸，到一高处席地而坐，双手合十，闭上双眼，口中念念有词。在众人惊奇的眼神中，在刹利咒语的喃喃声中，只见潮水慢慢消退，不久归为平静。

　　一些旁观的僧人连忙把刹利请到离此不远的寺观中，向他请教秘咒。刹利说："天机不可泄漏。"其他寺僧看刹利不肯吐露，也就不再勉强。他们奔走了一天，感觉有些疲惫，就执手告别，各回房间休息。

　　到了晚间，刹利在似梦似醒之间，突然感觉人声鼎沸。只见一个身材高大的人，戴着平时不太见得到的黑色冠冕，穿着一件极其鲜艳的红色衣服，手持着一支象笏，向刹利遥遥一拜，刹利连忙还礼。

　　只见那位身着朱衣之人向刹利低声说道："弟子就是伍员（伍子胥），我因为自己忠心耿耿，却落得如此下场，一直感到愤愤不平,一心想报仇雪恨。江中潮水就是由我的怨气所激发,没想到因此伤及无辜。今天看到大师慈悲为怀,一心想拯救万民,我深感惭愧。大师的秘咒我已经听到了,我一定遵循大师的教诲,控制我管辖的潮水,不再波及百姓。"

刹利一听,回答道:"大人忠心耿耿,世人皆有所闻。如能以民为本,爱民如子,你在后人心中会更加伟大啊!"

伍员与刹利握手告别,刹利想送他出寺,伍员用手一推,刹利突然惊醒。只见眼前烛灯摇曳,所见之事原是一梦。寺众皆已入睡,寺中鸦雀无声。

第二天,有寺僧跑来找刹利,说:"昨晚好像听到你的房间里车马声、喧哗声不绝于耳,是什么人到你这里来过了?"刹利轻描淡写地说:"昨晚潮神子胥来访,已答应不再危及百姓。"

寺众一听,半信半疑。正谈得热闹,只见外面跑进来几个乡民,他们知道昨晚刹利驻锡于此,大惊小怪地高呼:"怪事!怪事!"其他僧众连忙把乡民们叫进来,只见几个乡民七嘴八舌地说:"大师的咒语真灵啊!潮水不仅退了,而且,潮水只冲击西兴处江的东岸,我们生活的地方潮水一点都冲不到了。""更奇诡的是,在我们农田旁,突然出现了好几里长的涨沙,我们的农田越来越多了。"

刹利淡然地说:"你们要利用时机抓紧种好这些田地。只有不误农时,才能有所收获。平时大家还应该互敬互助,只有齐心协力,才能过上好日子啊!"大家纷纷称赞刹利的大功大德。史书记载,他"为百姓殖利,时所推称,翕然敷化"。[①]

① 赞宁:《宋高僧传》卷二十一。

刹利虽然名气不及慧理，行为也有些让人匪夷所思，但我们可以清晰地感觉到作为一个长途跋涉来钱唐的天竺僧人的信仰与追求。他同慧理一样，都用自己的虔诚与慈悲心在钱唐的对外交往史上谱上了一个动人的音符。

我们现在当然知道钱塘江潮水的形成原因，也知道潮水的规律。但在几千年前，伍子胥作为潮神深入人心的古代，刹利的所作所为看似荒诞不经，却具有极强的震撼力。他利用自己掌握的知识，引导乡民防范潮水，其功不小。

参考文献

1.〔清〕王文诰辑注：《苏轼诗集》，中华书局，1982年。
2.丁福保：《佛学大辞典》，中国书店出版社，2011年。
3.〔清〕施维翰等：《康熙浙江通志》，《中国地方志集成·省志辑·浙江》，凤凰出版社，2010年。
4.〔宋〕赞宁：《宋高僧传》，中华书局，1987年。

第二章

称杭州，名正言顺扩交往

钱唐县虽然几经调整，但毕竟还是一个地处偏远、经济欠发达、影响力不大的山中小县，要对外交往，难度颇大。"永嘉（西晋怀帝司马炽年号）南渡"后，北方的人口大量涌入南方，钱唐的人气渐渐上升。

如果可以穿越回去，我们可以看到这样的画面：永嘉之前，你走到钱唐县的路上，可能一天也碰不到几个人，听到的基本是熟悉的乡音；永嘉之后，街上的人多了，你还能够听到不同的北方口音。

正因为人口的增加，钱唐在梁、陈时期曾经升格为郡。虽然时间不长，屡废屡置，但已经说明，钱唐的地位已经在逐渐上升了。而杭州真正有质的飞跃，是从隋朝开始的。

公元589年，隋朝灭掉陈朝，统一全国后，对江南的州县进行了重新的调整和设置，废除了钱唐郡，设杭州，这是历史上第一次有了"杭州"的名号，且这一名称延续至今。

要对外交往，光有知名度还不够，还应该有便利的交通。到了隋朝，这一条件也得到了满足，杭州对外交流的动脉开始疏通，杭州的对外交往顺理成章。隋炀帝为了方便用兵、沟通漕运，也为了临幸江都（今江苏扬州），组织百姓开凿了大运河，沟通了南北五大水系，作为大运河南端的杭州获得了发展的又一大机遇。

唐代诗人皮日休的诗说出了我们的心声："尽道隋亡为此河，至今千里赖通波。若无水殿龙舟事，共禹论功不较多。"（《汴河怀古二首（其二）》）意思是：尽管人们都说隋朝灭亡是因为大运河的开通，但是它至今仍发挥着很大作用；如果没有隋炀帝在大运河乘龙舟游玩，他修筑大运河的功绩可以和大禹媲美。大运河，不仅给杭州带来了对外交往的机遇，也为杭州城带来了千载繁华。

隋朝的历史虽然短暂，但它对杭州的贡献却是难以用笔墨形容的。唐承隋制，杭州的对外知名度与日俱增，尤其是大运河不仅贯穿南北，更能沟通海外，为杭州的对外交往写下了浓墨重彩的一笔。

已经打通任督二脉的杭州，在对外交往上获得了巨大的发展。可以说，杭州的繁荣是从唐朝开始的。到了中唐时期，杭州更是有"东南名郡"之称，"江南列郡，余杭为大"。

一、大运河沟通南北

运河开通后，杭州"水居江海之会，陆介两浙之间"，"川泽沃衍，有海陆之饶，珍异所聚，故商贾并凑"（《隋书·地理志》）。大运河的开凿"在隋之民，不胜其害也；在唐之民，不胜其利也"（〔唐〕皮日休《汴河铭》）。

隋大业八年（612），一艘巨大的海船缓缓靠近杭州郊外的西陵渡口，从船上下来一位穿着华丽、皮肤黝黑的人，一枚玉石戒指在手上熠熠生辉。这是一位来自海外的富商，二十多年前也曾来过杭州，当时这里还叫钱唐郡呢。当他看到现在称为杭州的港口，船舶密集、货品集聚，各色人等络绎不绝，像他这样的商人穿梭其间，脸上不由浮现出难以置信的表情。

他拉着从身旁经过的一位当地人一通问话，只见那个人一脸茫然，原来他讲的话那个人一句也没听懂。还好这样的事情在当时是常事，有人连忙带来一位经常到海外贸易的客商，他听懂了这位商人的意思。原来这是一位来自呵罗单（爪哇）的客商，船上满载苏木、金刚子、白檀香、肉豆蔻、荜拨、斑猫、镔铁、龟筒、玳瑁等物品。

他听闻大隋朝东都洛阳物产丰富、景色优美，想去那里做番交易，顺便游玩一番。但他也知道洛阳不通海路，满船的货物不知道怎么才能运到洛阳。以前他也来过中国几次，由于交通不便，带的货物也不多，往往就在近海城市做些交易，这次他是想大干一场的。

结果出乎他的意料，那位商人给他出了这么一个主意："你在西陵渡口把货物卸下来，然后再装上当地一些只能在内河航行的船只，沿着大运河北上就可以了。""大运河？没听说过啊！这是一条什么河？"

当地商人说："原来你不知道啊，我就给你讲讲这条河吧，让你了解了解。大运河是一条我们人工挖的河。早在先皇（隋文帝杨坚）在位时，就开始挖掘了。当时主要是为了解决关中地区粮食短缺的状况，能够把南方的粮食运往北方。今上（隋炀帝杨广）登基后，在以前的基础上，又先后开凿了通济渠、永济渠。对杭州百姓来说，最便利的是大业六年（610），开通了从镇江到余杭的江南运河，我们现在可以从余杭（今杭州）一直北上到达涿郡（今北京）了。洛阳就在这两地之间，你说有多方便？"

那位客商很有兴趣地问："有图吗？能否给我讲得详细点？我可是想经商、游玩两不误，好好领略你们东都的大好风光啊！"

当地商人拿出一幅图，展开来，指给外地客商看："你看，你在杭州把货物换装好以后，就沿着江南运河航行，这一段路两年前刚修好，船只也不多，航行比较通畅。然后，转向邗沟，这是古代的一条古老运河，现在经过再次疏浚，已经很方便了。出邗沟后再沿着通济渠走一段，就可以到达洛阳了。到了洛阳，你就可以好好领略东都的风土人情了。"

那人高兴地同他说："这条大河对我们的生活影响太大了，我们现在的交通真的方便啊！"

来自呵罗单的客商没想到能赶上这样的好事，他一路上的担心都抛到脑后了，他笑着对当地客商说："要不我们去周边酒邨小酌一下，交个朋友？有些事情兄弟还可以再请教请教。"两人一拍即合，携手而去。

因隋代大运河以杭州作为南方的终点，所以杭州获得了历史性的发展机遇。由于我国地势西高东低，中国的天然水道如长江、黄河几乎都从西向东流，而京杭大运河的开通，为南北交流提供了一个极好的条件。

杭州这座江南古城的影响力迅速扩大，成为"咽喉吴越、势雄江海"的东南水运枢纽,成为从海上对外交往的一个重要中转站:南来北往的商旅,由杭州转乘海船,可以去往海外各国;海外的船舶,则可以从杭州湾驶入钱塘江的杭州海口,再经由江南运河北上各地。

短命的大隋王朝随着隋炀帝的被缢江都而烟消云散。隋朝时的杭州还没来得及享受对外交往的成果,就已经时过境迁了。但其开凿的大运河,不仅成为后人经济文化交流的大动脉,更成为周边城市对外交往的大枢纽。

"前人栽树,后人乘凉",依托这一便利的交通纽带,唐朝时期杭州的对外交往真的扩大了。据《乾道临安志》记载,唐贞观中,杭州的人口已经达到15万余人,是一个规模不小的城市了。

唐永泰元年(765)七月,一位心事重重、满脸郁闷的官员在衙署里走来走去。看他坐立不安、举止失常的样子,旁边的仆人李祥好心地劝说道:"老爷,不如随小人到海边去转转吧。听说现在那边很热闹,船来人往的。还有许多来自海外的商人,他们带来许多的奇珍异宝,我们平时可能看都没看到过呢。"

老爷没好气地说:"没心情,不去!"李祥知道老爷的脾气,再次好言相劝:"我们可以去给夫人、小姐挑一些好看、好玩的东西啊!顺便散散心。"老爷想想夫人跟着自己一路担惊受怕、提心吊胆,李祥的话也有道理,口气就软下来了:"好吧,你去准备一下,我们去看一看。"

半个时辰以后,李祥驾着马车,带着老爷来到杭州城边的西陵渡口。下车后,只见渡口人来人往,车水马龙,各色人等交错其中,奇装异服,令人眼花缭乱。更让老爷心旷神怡的是，海边停留着许多大海船，首尾相接如同一条巨龙，甚是壮观。

老爷信步而行，却一不小心被一个满脸胡须的胡商撞了个满怀。李祥刚想上前理论，却被老爷制止了。老爷看到胡商手上拿的一些沉香、黄蜡等物品，觉得给夫人、女儿买些回去正好，就叫李祥拿了些铜钿，买了一些带回。

这位老爷就是在唐玄宗时期担任过监察御史和右补阙职务的李华。因为在安史之乱中，为安禄山所捕获，被迫担任过伪政权下的凤阁舍人职务。安史之乱平定后，李华被贬为杭州司户参军。他一直深深地自责自己立场不坚，从此就隐居起来，再不出仕。

在杭州期间，他写了《杭州刺史厅壁记》一书，其中这样记载："水牵卉服，陆控山夷，骈樯二十里，开肆三万室。"

大家可以想象，船只的桅杆和帆纵横交错可以延续二十里，开的店铺有三万多家，这是多么繁华的景象。由于大运河的开通，南来北往的船只纷纷经过杭州，而且这些船只有一半左右是来自海外的海船。因为唐朝继续实行开放的对外政策，加上显赫的国威和繁盛的国势，海外交通，盛极一时。

当时除了广州、扬州是老牌的通商口岸之外，杭州也是通商口岸之一，开始与它们并驾齐驱。杜甫在《解闷十二首》中曾提到："商胡离别下扬州，忆上西陵故驿楼。"这里的西陵就是位于现在杭州西兴的一个古渡口，是当时海船进入杭州的必经之地。当时的海外来船，要避开杭州湾上淤积的海滩，基本上都由明州（宁波）

泛内河西上，然后从西陵到达杭州。

可见杭州确立州名、开通运河之后，杭州的文化交流、海外贸易以及民俗风情已经越来越进入外国人的视域，越来越明显地打上了中外交流的烙印。

二、新罗人往来频繁

> 新罗国，本弁韩之苗裔也。其国在汉时乐浪之地，东及南方俱限大海，西接百济，北邻高丽。东西千里，南北二千里。有城邑村落。王之所居曰金城，周七八里。……（唐高宗）显庆五年，命左武卫大将军苏定方为熊津道大总管，统水陆十万。……讨平百济……自是新罗渐有高丽、百济之地，其界益大，西至于海。（〔后晋〕刘昫等《旧唐书·新罗传》）

新罗是朝鲜半岛历史上的古国之一，首都位于金城（今韩国庆尚北道庆州市），与北面的高句丽[①]、西面的百济对峙。7世纪后期，新罗借助唐朝的力量灭掉百济和高句丽，后来又驱逐唐朝在朝鲜半岛的势力，于676年统一了今大同江以南的朝鲜半岛中南部地区。

唐僖宗在位年间（873—888），路过杭州的诗人张乔与当地诗友正在府中闲话。张乔是晚唐著名诗人，以好学著称。相传他为了学习，十年不踏足花园一步，终于学有所成。在参加科举考试时，他以《试月中桂》中的"根非生下土，叶不坠秋风"一句闻名遐迩。

他们正谈得投机，只听到府衙外人声喧哗，一群孩童跟在一个外乡人后面叫道："新罗人来了！新罗人来了！"当地诗友连忙跑出去对孩子们说："你们不要吵了，带这位新罗朋友去新罗坊吧。"孩子们却一哄而散。

---

① 北齐乾明元年（560），高句丽统治者被封为高丽王，自此在中国史籍中高句丽也称高丽。

当地诗友连忙对张乔说:"张兄稍候片刻,我带这位朋友去新罗坊。回来后我们再接着聊。"张乔点头答应。半个时辰后,诗友回来了。张乔问:"新罗坊是专门给新罗人住的?离这里远吗?"

诗友回答说:"这些年新罗人来得比较多,街上的小朋友一看到他们的穿着打扮就知道他们是新罗人了。官府为了方便他们的生活与交往,专门给他们修建了新罗坊,离这里不远。"

张乔一听,他的思绪被打开了,他对诗友说:"我也认识一个新罗人,我们还是很好的朋友。不知兄台有没有听说过此人,他叫崔致远。"

诗友连忙说:"就是写那首《秋夜雨中》的崔致远?我还能背诵这首诗呢!'秋风唯苦吟,举世少知音。窗前三更雨,灯前万里心。'他是新罗人?"

张乔说:"他确实是新罗人。他12岁就已经入唐求学了,在长安学了六年。他还考中了我们大唐的进士呢,当年只有18岁。中进士后,他还担任过溧水县尉的官职。他可是我等的同道中人,交游甚广啊!"

诗友充满钦佩地说:"没想到一个外国人能取得这样的成就,太厉害了。"张乔说:"他现在高骈将军的幕府里做官,我几次邀请他来此相会,都无缘成行,遗憾啊!"诗友连连点头,然后说:"张公如果以后能同崔先生一起再过杭州,一定要告知小弟啊!"张乔点头称是。

强盛的国力与发达的交通使唐与当时世界上70多个国家建立了通使友好关系。大运河不仅沟通了大江,还连接了海洋，成为外国人来杭的主要通道。

唐朝与新罗、日本关系密切，与东南亚、南亚的占城（今越南中南部）、真腊（今柬埔寨）以及今印尼苏门答腊均有海路往来。统一后的新罗王朝与唐朝贸易十分活跃，十分仰慕、推崇唐朝的文化，是与唐朝交往最密切的国家之一。

有唐一代，新罗人以入唐求法、入唐求学为新时尚。新罗人到唐朝基本上会沿着山东、苏北一带的海岸线南下，从涟水进入淮河，再沿淮河航行，在楚州（今淮安）转入大运河，这样就可以北上洛阳、涿郡，南达扬州、杭州。许多新罗人如崔致远就长期在唐朝求学甚至做官，以至于中晚唐时期的日本僧人圆仁来华时，都把长期在唐朝的新罗人称为"唐人"了。

新罗人在唐朝从事的职业十分广泛，有的入朝为官，有的专业务农，有的做奴婢、水手、船工，也有从事经营驿站、运输、煮盐等行业的。可以说，在当时大唐王朝的各个角落，都能看到新罗人的影子。

为了安置、管理这些新罗移民，唐王朝在运河沿岸的很多城市都建立了"新罗所""新罗坊""新罗院""新罗馆"。从严格意义上来说，上述机构的功能略有不同："新罗院"往往指新罗人办的寺院，如山东文登的赤山法华院；"新罗所"是唐朝政府在沿海地区为了临时安置新罗、日本等来往客人以及为他们办理出入境手续而设的机构；"新罗坊"则是新罗人的居民点，受当地政府的管辖。

三、学问僧造访灵隐

其偏使朝臣仲满，慕中国之风，因留不去，改姓名为朝衡，仕历左补阙，仪王友。衡留京师五十年，好书籍，放归乡，逗留不去。天宝十二年，又遣使贡。上元中，擢衡为左散骑常侍、镇南都护。贞元二十年，遣使来朝，留学生橘逸势、学问僧空海。元和元年，日本国使判官高阶真人上言："前件学生，艺业稍成，愿归本国，便请与臣同归。"从之。（〔后晋〕刘昫等《旧唐书·日本传》）

上述材料中提及的学问僧是唐代日本派遣至中国学习佛教的僧人，分留学僧、请益僧与还学僧（随遣唐使往返者），随同遣唐使入唐，分赴长安、洛阳、扬州、五台山、天台山等地寺院，拜师求法。留唐短则一二年，久则二三十年，由鸿胪寺或所在寺院提供生活费用。其中不乏高僧学者，他们将唐境内各种佛教流派和大量佛经、文物东传，成为日本佛教界宗师。

贞元二十年（公元804年，日本桓武天皇延历二十三年），在日本驶往大唐的一艘海船上，人声鼎沸。一群年轻的日本官员带着兴奋、期待的神情，一路上议论不休。

有人说，名声远震的大唐体制先进、制度优越，这次来一定要好好地观摩、学习，从中领会精髓，回去改造落后的日本。有人说，真想看看大唐的长安城是什么样子的，难道比京都还大吗？有些人则在低声讨论着给家里人带些什么样的礼物，让他们也了解大唐的繁盛与奢华。

看到手下的年轻人如此沉不住气，一位负责的年长官员站起来一声大喝："别吵了，像什么样子！真正的体悟是要用心而不是用嘴的。"他回头看了看两位端坐不动、合掌诵经的僧人说："看看人家，你们真应该感到羞愧。"大家见此一幕，自然而然地静下心来。

原来，这是日本派往大唐的遣唐使，随同出行的还有空海、最澄等几位学问僧。看到这两位学问僧眼观鼻、鼻观心的平和心态，旁边一位年轻的遣唐使还是忍不住轻声问了一句："大师到大唐，是想干什么呢？"空海轻声地答道："找佛缘、悟佛理、学文化。"年轻的遣唐使感到肩上的责任陡然加重，他也马上静下心来，拿出一本书看了起来。

空海他们随同遣唐使赴唐，还有一段曲折的故事呢。他们七月份出使，原定在明州上岸。结果遭遇飓风，向南辗转千里，来到泉州，被拒绝上岸。最后，使团推荐了颇通汉字的空海，用汉字写下了一篇文辞俱佳的文章，交给当地官员。当地官员看到一个日本和尚能写出如此文章，怜其才华，才准其上岸。

当然，他们不知道空海出身于日本一个世家大族，15岁到奈良修习汉学，18岁已通读汉籍，进入大学，23岁通过日本"僧纲所"的考试，顺利出家成为一名僧人，他的汉学功底可是相当深厚的。

两位头戴斗笠、手执锡杖、足蹬麻鞋、身穿修行者服装的和尚，辛苦地在路上跋涉。这两位和尚就是跟随遣唐使来唐的空海与最澄。其他的遣唐使们都已经按照唐朝廷的相关安排赴长安学习与交流，而空海与最澄出于对佛的信仰与对佛学的追求，决定先周游他们在日本就向往已久的天台国清寺、杭州灵隐寺和净慈寺，再赴长安西明寺、青龙寺修习佛法。

与遣唐使们在泉州告别后，他们跋山涉水，先到达天台国清寺，仔细研习了中国汉化佛教第一宗——天台宗的教义，深受启发。最澄回国后，在日本京都比叡山创建了日本天台宗，当然，这是后话了。

两人从天台出来，继续往杭州进发。当到达杭州城外时，最澄对空海说：“杭州有两座名寺——灵隐寺和净慈寺，如果我们两人同时去两所寺庙，空费时间。不如我们各去一寺，再深刻领悟、相互交流，可好？”

空海低头一想，对最澄说：“也是，我们还要赶往长安。不如您去净慈寺，我去灵隐寺，两天后，我们在此相会。”

两人合掌为礼，分别而去。最澄在净慈寺驻锡期间，被中国的茶叶深深吸引，饮茶之后，他感到精神健旺、心旷神怡，便向寺僧讨教了茶叶的种植、制作、饮用之法，还向寺僧讨了一些茶籽带回日本。最澄成为现在公认的最早将茶籽携去日本，并在日本传授茶叶种植、加工的人，成为传播茶道的先驱者，这里暂且按下不表。

空海来到灵隐寺，只见寺庙周围古木葱郁、流水淙淙，飞来峰上仙雾缭绕，寺中信徒满满，佛音袅袅，不由得心中感叹："此处真乃仙灵所隐之地，是修行的好去处啊！"

当他正在赏景观寺之时，一位知客僧走到近前，双手合十问道："师兄从哪方宝地而来，到此有何贵干？"空海合十回答："小僧来自日本，久闻贵寺佛缘广大，香火旺盛，特来求取佛法。"知客僧回答说："师兄请稍候，我去禀告方丈。"

不久后，灵隐寺方丈道标大师行到跟前，延请空海入方丈室。只见室中窗明几净，檀香宜人。正中墙上挂有一幅字："日月云霞为天标，山川草木为地标。推能归美为德标，居闲趣寂为道标。"

空海一见，不由脱口而出："好诗，好意境！"他凑近一看，其下署名是陆羽。他来不及寒暄，连忙请教道："请问方丈，此是何人？"

方丈介绍道："这是老衲的好友，一生精研茶术、茶艺，著有《茶经》一书，在我们这里可享有'茶圣'之名啊！"

空海不由感叹："大国人才济济，真让人羡慕啊！"两人就从《茶经》聊起，再谈起佛法、佛缘，越谈越觉得投机，半天时间倏忽而过。现在杭州灵隐寺华严殿前立有一尊空海大师像，成为中日两国佛教界友谊的象征。

空海大师留唐两年多，回国时携回大量的佛教经典，对此后的日本佛教产生重大影响。他回国后创立了"真言宗"，谥号"弘法大师"。但是，大家千万不要以为空海大师就只会研究佛学，他在日本还享有"日本王羲之"的美誉呢。

传说他求取真经回国后，根据中国草书，创立了平假名。随着时间的推移，片假名在平假名的基础上也逐渐形成。因此，空海法师为日本文化的发展作出了不可磨灭的贡献。

作为与中国一衣带水的邻邦，日本与中国的交往在唐代相当频繁。唐朝的使者、高僧纷纷东渡，鉴真和尚

灵隐寺空海大师像

东渡日本就是一个很好的例子。而日本友人入唐的记录则更是不胜枚举。仅见于记载的大规模的往来就有37次。

从唐太宗贞观四年（630）开始到昭宗乾宁元年（894）的200多年间，日本就先后19次派遣唐使来中国，其中成行的有16次。[①]这些遣唐使或学问僧都对日本社会的文明进步起了巨大的作用。

木宫泰彦:《日文化交流史》，锡年译，商务书馆，1980年，62页。

除了相传空海创立平假名以外，许多遣唐使回国后，把从中国学来的"均田制""租庸调制"等加以运用，大力推进"大化改新"，在日本起到了非常大的影响。

日本客商入唐的路线主要有三条：北路由日本西渡至山东半岛的登州或莱州上岸，再由陆路经过青州、济州、汴州，然后进入大运河到达洛阳；中路则由日本西渡至长江口及苏北沿海一带，从扬州进入大运河再北上至洛阳；南路则由日本西渡东海至明州登陆，辗转进入淮安，通过大运河可以直抵京城。

这三条路都利用大运河这一交通线，尤其是南路，大大便利了杭州的对外联系与交流。大量的外国人或路过，或停留杭州，使中外异质文化在交流中融合，在碰撞中发展，杭州的对外交流日趋繁荣。

四、凤凰寺初见雏形

据清康熙九年（1670）重修真教寺碑载："寺创自唐，毁于季宋，元代辛巳年有大师阿老丁者，来自西域，息足于杭，瞻遗址而慨然捐金，为鼎新之举，表以崇闳，缭以修庑，焕然盛矣。"

唐宣宗大中年间（847—859），一艘海船缓缓靠近杭州西陵渡口。船上下来一位身穿白袍的大胡子商人，他习惯性地环视一周。当他一出现，船下迎候的几位当地客商马上扬手大叫："苏莱曼！苏莱曼！"苏莱曼一看到老熟人，连忙大叫"你们好"。同时，把身后几位一样打扮的商人叫出来，与大家一一见面，相互寒暄了一番。

当地客商问："你们这次带来了哪些物品？需要收

购我们这里哪些特产？"苏莱曼高兴地说："你们到我船上来，让你们开开眼。"

因为平时接触较多，他们之间的讲话也比较随意。看到苏莱曼如此得意，几位当地客商相互交流了下眼神，说："我们先上去看看！"

他们一登上船，就发现船内部很大，分成好几个船舱。几个商人逐一看过去，发现有个船舱里都是药材，浓浓的药味弥漫船舱，里面有没药、丁香、葫芦巴等；有个船舱里则都是香料，人一走近，顿觉香气四溢，里面有乳香、苏木、龙脑、龙涎香、胡椒、沉香等；有个船舱里则满载珠宝，象牙、犀牛角、玳瑁、珍珠、玛瑙、珊瑚充斥其中。

几位当地客商不无羡慕地说："苏莱曼，这次你可真下了血本啊！打算在这里大干一场啊！"苏莱曼说："我们漂洋过海来这里一次可不容易啊，当然希望能有所收获。"

"你们这次来可以多住些时候啊。"当地客商说，苏莱曼回答道："当然了。路途遥远又艰险，我的很多朋友已经在你们大唐住下来了，我也考虑在杭州住几年再回去呢。"

看到他们交谈甚欢，苏莱曼身后的一位商人插了一句嘴："这里有我们大食人聚会做礼拜的地方吗？"当地客商回答说："当然有啊！我们这里就建有一座清真寺。""感谢真主，这就放心了。"

当地客商追问了一句："这次你们想换取我们这里的哪些物品呢？"几位蕃商异口同声地说"汉沙维叶""绥

尼""茶叶",几位老朋友当然一听就懂,知道他们想换取丝绸、瓷器和茶叶。因为阿拉伯人把丝绸称为"汉沙维叶",意为"杭州的",而把瓷器称为"绥尼",意为"中国的"。

经过一番交谈,当地客商先向他们介绍了杭州几家有名的丝绸铺,然后又说:"这次我们重点向你们推荐'越窑青瓷'。"苏莱曼马上追问了一句:"越窑青瓷?这个名字很好听,带我们去见识见识。"

当地客商进一步介绍说:"越窑青瓷的主要产地在越州(今浙江绍兴),但杭州也有一些制作的窑厂和买卖的店铺。我们的大诗人陆龟蒙曾这样赞美越窑青瓷,'九秋风露越窑开,夺得千峰翠色来'。越窑青瓷的釉质温润如玉,青绿中略带闪黄的色彩,它非常适用于饮茶,能完美地烘托出茶汤的绿色,很受文人雅士的喜爱啊。"苏莱曼一听,更加感兴趣了,他们不作停留,马上相约而去。

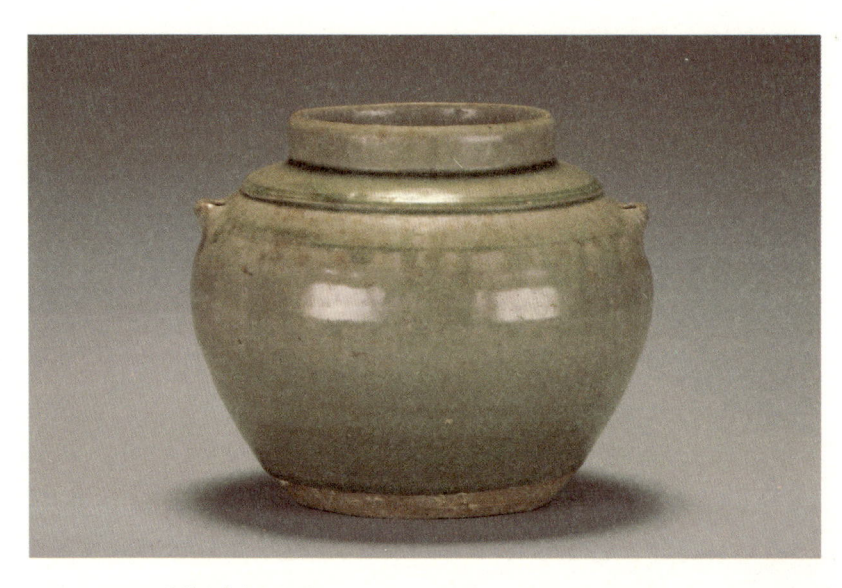

汉代越窑青瓷弦纹罐

这位苏莱曼是唐代一位著名的阿拉伯商人，在中国居住过很长时间，写有《中国印度见闻录》一书。该书是比《马可波罗行纪》早了约四个半世纪的关于远东的一部重要著作，书中记录了唐朝时他在中国的经商、居住见闻，是很好的研究唐朝的史料。

唐朝实行开放的对外政策，海外贸易非常繁盛。唐朝的造船技术非常高超，有很多造船基地。如在宣（今安徽宣城）、润（今江苏镇江）、常（今江苏常州）、苏（今江苏苏州）、湖（今浙江湖州）、杭（今浙江杭州）、越（今浙江绍兴）、台（今浙江临海）、婺（今浙江金华）、江（今江西九江）、洪（今江西南昌）、扬（今江苏扬州）等地都有造船基地。这些造船基地设有造船工厂，能造各种大小海船、战舰等。

唐朝的远航交往已经非常普遍。唐朝的船队往来于东亚、东南亚、南亚和西亚各地。大食（唐时指阿拉伯帝国）的使节和"贡使"不断前来中国，据《旧唐书》记载，公元651—798年间，阿拉伯使节来唐达39次之多。横贯东西的陆上"丝绸之路"和海上"香料之路"，更使两国保持着频繁的商业往来。

阿拉伯人的商船可以从其本土出发到中国广州等地，阿巴斯王朝第二任哈里发曼苏尔夸口说："这里是底格里斯河，我们与中国之间没有障碍物，任何东西都可以经海路运到我们这里。"

由于唐朝政府鼓励商业贸易，对外来商人的管理较松，因而有不少人在大唐久居不归，很多外商和唐人混居，称为"住唐"。早在唐文宗大和年间（827—835），唐朝廷就在沿海外国侨民聚居地划出专门地块，设置蕃坊或蕃场，并建立管理机构"蕃长司"。所以，唐朝时，侨居或在中国安家落户的阿拉伯人为数不少。

据《资治通鉴》贞元三年条记载，唐玄宗天宝年间（742—756）以来，大食国的商人"留长安久者，或四十余年……安居不欲归……有田宅者……凡得四千人"。

除了到都城长安外，许多阿拉伯人还集中在中国东南沿海的广州、泉州、扬州、杭州、明州等地。今日杭州羊坝头一带就是唐朝的蕃坊，曾居留过数以万计来自中亚和西亚的商人，至今杭州中河还有"回回新桥"等名称。杭州的伊斯兰教礼拜之所早在唐朝就已建立。

贞观年间，一位来自埃及的阿拉伯富商奥斯曼先生为了便于穆斯林开展宗教活动，出资建立了一所清真寺，取名叫真教寺，这就是杭州凤凰寺的前身。这座寺院自唐代开始修建，宋末被毁，至元朝时，著名伊斯兰教人物阿老丁出资重修，明朝再次扩建重修，最终形成凤凰寺的建筑群规模。

明代田汝成《西湖游览志》对此记载："真教寺在文锦坊南。元延祐间，回回大师阿老丁所建。"凤凰寺位于杭州市中山中路，是我国沿海地区伊斯兰教四大古寺（扬州仙鹤寺、泉州清净寺、广州怀圣寺和杭州凤凰寺）之一，因寺院建筑结构似凤凰展翅，故有此名。如今，这里是杭州伊斯兰教的礼拜中心，在阿拉伯国家中享有盛誉。

参考文献

1. 周啸天等编：《唐诗鉴赏辞典》，上海辞书出版社，1983年。
2. 〔清〕董诰等编：《全唐文》，中华书局，1983年。
3. 〔唐〕魏徵：《隋书》，中华书局，1997年。
4. 〔唐〕杜甫撰，〔清〕仇兆鳌注：《杜工部集》，中华书局，1982年。
5. 〔后晋〕刘昫等：《旧唐书》，中华书局，1975年。
6. ［巴基斯坦］赛义德·菲亚兹·马茂德：《伊斯兰教简史》，中国社会科学出版社，1981年。
7. 〔明〕田汝成：《西湖游览志》，尹晓宁点校，上海古籍出版社，2017年。

第三章

作王城，铜钟大吕奏和声

杭州的对外交流还有一个很好的历史机遇——五代十国时期，杭州成为吴越王国的都城。

提起杭州地位的提升与对外交往的兴盛，当然离不开吴越国及其开国君主钱镠。公元 9 世纪末期，一个乱世枭雄的英明举动，不仅让杭州把握了跃升成为东南一流中心城市的历史机遇，更拥有了跻身"六大古都"的历史积淀。

生逢乱世的钱镠以草莽之身，凭借卓越的军事才能和杰出的战略眼光，灭刘汉宏、讨平董昌，雄踞两浙十三州之地，创建了吴越国。尤为难能可贵的是他审时度势，奉行"保境安民"的基本国策，纵横捭阖，力保江南一隅免受战争摧残。

在位期间，钱镠以杭州作为王国都城，精心营建，使"腰鼓城"（指城的形状像腰鼓）粗具规模，杭州有了稳定、安全的保障条件，成为经济文化交流的场所，杭州的发展进入前所未有的辉煌阶段，其繁荣安稳在五代十国的割据政权中首屈一指。

吴越国时期，在乱世中独享一方平安净土的杭州逐渐后来居上。宋人王明清在《玉照新志》一书中明确提出："杭州在唐，繁雄不及姑苏、会稽二郡，因钱氏建国始盛。"北宋初年的翰林学士陶穀曾出使吴越国，他以目击者的身份为杭州留下了历史上可能最早的"天堂"之称："轻清秀丽，东南为甲；富兼华夷，余杭（杭州）又为甲。百事繁庶，地上天宫也。"寥寥数语，生动形象地表明吴越国时期的杭州，不仅是王国的都城，更是东南一带的名城。

如果说唐朝时的杭州估计只能名列扬州、苏州以及越州（今绍兴）之后，但吴越国时的杭州已经今非昔比，它不仅是东南最大的城市之一，更是东南海外交流的主要枢纽，杭州的对外交往进入一个新的发展时期。

一、博易务很重要

> 是时，江淮不通，吴越钱镠使者常泛海以至中国。而滨海诸州皆置博易务，与民贸易。民负失期者，务吏擅自摄治，置刑狱，不关州县。（〔宋〕欧阳修《新五代史·汉臣传第十八》）

后梁龙德三年（923），钱镠被册封为吴越国王，正式建立吴越国，他设置了丞相、侍郎等百官，一切礼制皆参照皇帝的规格，文武百官纷纷上表庆贺。下朝后，钱镠回到后宫，夫人帮他脱掉朝服，换上便装，柔声问道："值此大喜之日，大王近日反而忧心忡忡，不知有何难事？"

钱镠一般在后宫很少谈及国事，但看她这么关心自己，钱王也有倾诉衷肠之意，他长叹一声说："寡人虽然得封吴越国王，但强敌环伺、国弱民寡，'保境安民'

钱塘江

十分不易啊！稍有疏忽，你我想成为杭州城的老百姓都不可能啊！"

夫人说："大王深谋远虑，居安思危，真乃国之幸运。妾闻善治国者，必能因地制宜、因材而用。以大王之神武，如能深察国情，审时度势以制定国策，又何虑之有？"

钱王一听，心有所动。他挥挥手，让夫人先退下，然后闭目沉思起来。他想起景福二年（893），自己最信任的谋士罗隐曾对他说过，杭州是"东眄巨浸，辏闽粤之舟橹。北倚郭邑，通商旅之宝货"的大城，商业贸易非常重要。

他盘算起自己境内的种种独特优势：余姚上林湖的越窑，掌握着秘色瓷烧造的最高技艺；苏杭有一大批优秀的织户绣娘，使杭州、湖州的丝绸闻名遐迩；各州县内成片的茶园，产着蜚声海外的名茶；郡县内更会聚着从中原避战祸而来的能工巧匠……这些物品如何发挥它们的作用，这些人如何让他们各尽所能？

一阵潮水拍岸的声音传来，他突然从椅子上跳起来，打开窗户，看着浩荡的钱塘江水，想着它们会绕过杭州湾，奔向那无垠的大海。他恍然大悟：守着这样的独特地势，有如此丰厚的特产资源，还有什么好担心的？必须通商，必须开放，只有国富民强，才能保境安民。

第二天早朝罢，钱镠留下几位亲信商议通商的事宜。掌书记沈崧进言道："大王此举甚当！为保通商有序进行，臣以为可仿唐制，在沿海各城设'博易务'一职。"

钱镠问道："博易务是什么样的机构？主要负责什么？"

沈崧说："早在唐代，杭州就是中国的东南名郡和重要贸易港口，与日本、新罗、大食、波斯等国都有经济往来。随着外贸的不断发展，唐朝政府专门在杭州设置博易务，管理杭州的对外贸易和商税的征收业务。"

钱镠手一拍，说："既然有例可循，那就照此进行。既能管理对外贸易秩序，又能增加国库收入，何乐而不为？马上颁发诏令，在杭州、明州等沿海诸州设博易务，管理通商事宜。"

有一天，钱镠临江而望，看见江上舟楫纵横，首尾相接，不由得开心地说："此地离京师有三千余里，可谁知道这一江之水带来的好处，竟然有如此之大啊！"

吴越国面向东海，钱氏诸王都非常重视海外贸易，他们视海上贸易为立国之要务，谋国运之良策。那时杭州与明州皆为吴越国较大的出海口岸。为了保证商贸通畅，吴越国常派出专使，至滨海各地段设置博易务。

由于来自两浙的商人经商手段比较灵活，商船运来的货物卖给当地商人，是允许赊销的，可以卖后付款。但是如果有人赖账，那么就需要博易务介入了。

按照史书记载，博易务可以"自置刑狱"，拥有执法权。博易务的设置与完善，为吴越国以及杭州的海外贸易提供了更加便利的条件。

二、去日本很方便

蒋承勋来，投传花札，苍波万里，素意一封，重以嘉惠，欢畅集怀。抑人臣之道，交不出境，锦绮珍货，奈国宪何。然而志绪或织丛竹之色，德馨或引沉檀之熏，受之则虽忘玉条，辞之恐谓嫌兰契，强以容纳，盖只感君子亲仁之义也。……（蒋承勋出使日本，日本右大臣藤原师辅给吴越国王的复信）[1]

吴越国宝正二年（927），吴越国王钱镠正与大臣们谈古论今。他说起大唐时，日本派遣唐使入唐的情形，不胜感佩。他问立在身畔的史官，日本近期是否还有遣唐使，如有可能，可否让他们到杭州，见识见识杭州的繁华。

史官恭敬地回答说："大王，唐末日本就不再派出遣唐使了。听说现在他们在国内采取了'锁国政策'，不让本国船只出海。所以我们现在很少见到日本人，我们的官船也很少能够去日本。"

[1] 转引自木宫泰彦《日中文化交流史》，胡锡年译，商务印书馆，1980年，第228页。

"这么说来，这几年我们的货物很少能够去日本喽？这样可不行，我们必须重新疏通这条通道。不然，我们'保境安民'的国策会受到影响啊！"

史官接着上奏说："臣听闻日本政府虽实行'锁国政策'，但日本民间对中土尤其是我国去的货物却非常欢迎，他们把我们的货物都叫'唐货'。一旦唐货到来，从天皇到大臣，都纷纷以占有为荣。我们的货物到达日本博多港（今福冈）后，往往会马上被送往京都，尤其是香药和锦绮，还有书籍印刷品、绘图和佛经、佛像，更受欢迎。日本天皇御览后会送存藏署备用，有些还会出售给大臣，大臣们的反响很是热烈，争相购买。当然，我们民间也经常从他们那里进口沙金、椤木、龙蕊簪等货物，老百姓也非常喜欢。"

钱镠听说这等好事，忙对大臣们说："拿航海图来，叫博易务官员来，指给寡人看看，我们是怎么去日本的？方不方便？"

大臣们连忙拿来航海图，匆匆被召集而来的博易务使指着航海图说："大王请看，我国民间商船航行大多是利用季风，夏季从杭州湾出发，顺风横渡东中国海，经过日本肥前松浦郡值嘉岛，到博多港靠岸，秋后乘东北风返航回杭州。"

钱镠边听边点头，雷厉风行地对礼部官员说道："去日本很方便！马上设置沿海博易务，专门负责同日本的通商事宜。马上起草给日本国的文书，与他们相互通商，互通有无。"群臣照办。

钱镠派出的通商使臣往往无功而返，他之后的几任吴越国主也曾试图和日本恢复邦交，委托当时频繁往返

吴越国鎏金纯银阿育王塔

中日之间的吴越商人如蒋承勋等人当使者，递交书信、馈赠珍品。由于日本大臣经常以"交不出境"为托辞，吴越国与日本的多次外交都难有突破，交往也只能停留在高级官员的私人层面上。

但杭州湾一带港口主要面向朝鲜半岛及日本，独特的地理位置和对外通商的基本国策，使吴越国民间往返日本还是非常方便的。据学者统计，吴越国与日本的船舶往来，有记载的共有18次。日本学者中村新太郎也基本认同这一说法，从日本史书上所见，五代时中日间往来商船至少记有14次，"这些往来的船只，全是中国船，日本船一只也没有，而中国船中几乎都是吴越国的船只"。

日本朝廷还指定，交易唐物使出面接待吴越商人并洽谈生意。唐物送京供天皇御览后，拨出部分出售，大臣们往往争相购买。日本商人、僧人也都搭乘这些中国船。

日本僧人日延曾得到一座中国产的"宝箧印塔"，塔中藏有《宝箧印陀罗尼经》，视为珍品。据说这是吴越国王钱俶仿效印度阿育王塔故事，制造了84000座袖珍宝塔，中藏佛经经卷，分送各国，其中有一座就是通过僧人日延搭乘吴越商船抱回日本的。数量如此之多，工艺如此之精，当可窥知吴越钱氏对海外经济文化交流十分重视。

出海通商的经营者，有官船，也有民船。如往来于日本、高丽以及中亚之间的吴越商人，仅见于文献的就有蒋承勋、季盈张、蒋衮、俞仁秀、张文过、盛德言等，各自拥有自己的船舶，各个商帮各走自己所熟悉的海路。

三、去高丽很频繁

> 吴越国使班尚书至，传王诏旨："知卿与高丽久通欢好，共契邻盟。比因质子之两亡，遂失和亲之旧好，互侵疆境，不戢干戈。今专发使臣，赴京本道。"（〔清〕董诰等《全唐文·寄高丽王王建书》）

> 高丽舶主王大世，选沉水千斤，叠为旖旎山，象衡岳七十二峰。王(钱俶)许以黄金五百两，竟不售。（〔清〕吴任臣《十国春秋·吴越世家》）

要了解当时的高丽王国，我们必须先了解一下当时朝鲜半岛的历史。唐朝末年，藩镇割据，五代十国的局面逐渐形成。无独有偶，此时的朝鲜半岛也由原来统一的新罗王朝进入到战乱不息的后三国时代。

先是在唐景福元年（892），新罗武珍州土豪甄萱起兵，在光化三年（900），建立百济国，定都完山，被称为后百济王。

不久，新罗大臣弓裔建国摩震，后改国名为泰封，与老迈的新罗王国鼎足而三。

到了后梁贞明四年（918），弓裔部将王建发动政变，赶跑弓裔，自立为王，改国号为高丽，这就是历史上的高丽王国。王建于后唐清泰二年（935）吞并新罗，再过一年攻灭甄萱的儿子神剑，统一了朝鲜半岛清川江以南地区。

吴越国与朝鲜半岛的关系十分密切，新罗、后百济、高丽都同吴越国有着紧密的联系与交往。

后百济王甄萱曾遣使来到杭州，向吴越国王钱镠献上马、人参等贡品。甄萱为什么不直接向中原王朝进贡，而要向远在东南一隅的吴越国王进贡呢？原来，甄萱虽然建立了百济国，但与新罗、弓裔之间战争不断，他急需寻求支持。中原王朝一来战乱不休，自身难保，依靠不上；二来北方战乱频繁，路途不便。而吴越国相对比较安定，国王钱镠的威望与日俱增。到了后唐庄宗时，钱镠已经被封为"天下兵马都元帅、尚父、守尚书令，封吴越国王，赐玉册、金印"，如此重量级人物，当然是值得依靠的对象。

后百济到吴越国的海路十分通达。后百济地处朝鲜半岛的西南部，自唐以来，一直是与中国进行海上交往的前沿。而吴越国到朝鲜半岛的海路更是顺畅。当时的船只沿着海岸和岛屿，经今辽东半岛及朝鲜半岛南下，穿越今济州岛，过朝鲜海峡，就可以到达百济。如此顺畅的交通和强有力的臂助，甄萱当然不会放弃。

　　后百济遣使来华，在杭州登陆后，钱镠为了表明自己对中原王朝的尊重，派人将后百济使者送到长安，朝廷给甄萱加封检校太保的官职，从此之后，后百济便和吴越国保持较好关系。

　　后梁贞明四年（918），甄萱再次向吴越国朝贡，他派使臣到吴越国献马，被吴越王钱镠封为中大夫。这里要注意的是，这次钱镠已经连形式上的客气都免了，直接自己封甄萱官职，这说明这时的钱镠虽无国王之名，但已享有国王之实了。

　　后来，后百济与高丽之间发生战争，吴越国还以宗主国的身份下诏甄萱及王建，调停两国之间的冲突。后唐天成二年（927），甄萱攻陷了新罗的首都，导致王建兴兵讨伐，甄萱在战争中处于劣势，被迫求和。经甄萱的请求，钱镠出面调停。

　　在钱镠给甄萱、王建等人的文件中，钱镠把颁给高丽、百济的文书称为诏书，在诏书中称甄萱为卿。而甄萱、王建在提及吴越国时都用极其恭顺的语气，从中我们可以看出，在双方的外交地位上，吴越国处于绝对优势。实际上也是如此，不仅高丽、后百济、新罗向吴越称臣，当时，渤海、东北亚四国都同时接受吴越国的册封。

　　吴越国物产丰富，丝帛稻米充盈国中。在杭州的"钱武肃王庙"中有块石碑，上面刻有"世方喋血以事干戈，我且闭关而修蚕织"的碑文，这深刻体现了钱镠"保境安民"的思想。当北方中原大动干戈时，我却休养生息，大力发展蚕织生产。当时浙江的丝织业已经超过北方，成为全国之冠。

同时，吴越国海路交通顺畅。杭州湾港口长期保持着与东北地区、朝鲜半岛的海上交通，吴越与高丽、新罗、后百济不仅有政治和宗教上的交往，还有民间商人的生意往来。

一个叫王大世的高丽船主，用沉香做了一座旖旎山，上面模仿衡山等五岳有名的七十二座山峰，吴越国王钱俶用黄金五百两加以收购，他竟然还不肯卖。可见当时的民间贸易制作之精美，影响之深远。可以说，当时的吴越国几乎垄断了中国与朝鲜的海外贸易。

海外贸易还伴随着文化交流。吴越国当时号称"东南佛国"，有不少高丽僧人来吴越学习佛法。义寂推动了天台宗的中兴，在佛教史上影响极大。他的百余名传法弟子中就有高丽僧人谛观和义通。高丽国王派智宗禅师等36人到慧日永明院（净慈寺前身）受法眼宗法脉，归国后各化一方，盛传法眼宗教义。

不仅如此，吴越商人还向印度、大食出口茶叶和青瓷器，并运回当地土产。《吴越备史》中载："火油得之海南大食国，以铁筒发之，水沃其焰弥盛。"用这种火油发射筒武装战舰，平时可以保护航道的安全畅通，战时可以作为利器，发挥巨大威力。

在吴越国与淮人的战争中，吴越国艰难取胜，火油发射器功不可没。郑和下西洋的壮举在我国几乎人人皆知，但有大量的历史资料证明，吴越国时就已经有商务使者下西洋，时间上要比郑和下西洋早了四百多年呢。

四、沉船里很"吴越"

沉船是凝固的历史，是时间的胶囊。所有沉船，仿佛会被时间冷冻冰封，所有的历史都被凝固在沉没的那一刻，留给未来的发现者一个静态的时间剖面。

从20世纪70年代起，在印度尼西亚海域多次发现晚唐到宋初的沉船，"印坦号""井里汶号"……说明五代十国时期，"海上丝绸之路"十分兴盛。当时的货船从中国沿海城市如扬州、明州、杭州、广州等地出发，经南海，西进印度洋，可以到达东南亚海域。

考古学家已经证实，早在10世纪，中国就和爪哇、苏门答腊、印度与埃及等国在这条海路上进行了大量的贸易活动。

2003年，一些渔民在印尼井里汶岛附近的爪哇海域下网捕鱼时，打捞上来一些文物，疑似发现了古沉船。后经印尼相关部门考证，这应该是10世纪晚期的一艘沉船，我们称之为"井里汶号"。

整艘商船长30.4米，宽9.8米，船身（不算桅杆）高约4米，排水量估计可达600吨，载重量达800吨。船沉至海底56米的深处，打捞难度极大。打捞工作始于2004年4月，到2005年10月左右才完成。

当沉船在现代化设备的操控下，缓缓离开水面的那一刻，所有的旁观者都惊呆了。据传，沉船里珍宝众多，令人目不暇接，有雕刻精美的岩石和水晶、波斯玻璃器、埃及的石英制品、埃及法密德王朝的七彩玻璃器皿、带有阿拉伯铭文的匕首、瑰丽大方的精雕铜镜、马来西亚的青铜和黄金制品，还有约 11000 颗珍珠、4000 颗红宝石、400 颗蓝宝石和 2200 颗石榴石，总价值约 8000 万美元。

当打捞工作结束，人们盘点出水货品时，更让考古学家们感到震撼的是，沉船里面的货物带有很浓厚的吴越印记。

船上满载越窑瓷器，大约有 20 万件之多。瓷器制作之精美，让人啧啧称奇。碟子上有龙、鹦鹉及其他鸟类纹饰，茶壶上的莲花图案清晰可见，瓷器上的釉完好无损。

最令人震撼的是，这些瓷器并非一般的商品，而是五代时期的越窑秘色瓷。这种瑰丽的颜色是皇家专用的釉色。

"越窑秘色瓷是井里汶号的大宗货物，占船货的 75%，主要有碗（8 万余件）、盘（3000 余件）、壶（400 余件）、罐（2000 余件）、盒（600 余件）。"一个青瓷大碗上刻了它的制造年份，推算时间正是钱俶在位之时。

之后有学者根据出水的瓷器判断，这艘货船很可能就始航于明州港（或杭州港），一路南下交易，直到印度尼西亚。

巴黎吉美博物馆专家保罗·德斯卢克认为，公元 10 世纪的沉船极其罕见，我们对五代十国的认识非常苍白，博物馆里的文物极少，这艘船填补了这一空白，非常有

唐代越窑秘色瓷五瓣葵口碗

历史意义。

　　船上的物品也呈现出极为浓厚的佛教意味。其中有一个巨型摩羯鱼塑件，摩羯鱼是水神，常在海里游逡，拯救将沉之船。该塑件长 14 厘米，高约 34 厘米，看似作油灯之用。其雕刻艺术十分高超：尾巴后翘，鱼头仰天，鱼鳞及鳍纹凹凸嶙峋，鱼头结构清晰，形象生动。

　　摩羯鱼的形象源自印度教，后成为佛教中的经典动物。佛家常常以摩羯大鱼来比喻菩萨，其寓意为菩萨能以爱念缚住众生，不到圆寂成佛，终不放舍。

　　船上估计还载有僧人。历代吴越国王以"信佛顺天"为宗旨，大力提倡佛教。以杭州为中心的吴越国佛教，成为全国佛教的复兴中心。因此，我们可以推测：这些僧人可能来自灵隐寺或净慈寺，可能也像义净法师一样希望去东南亚弘法。

船上应该还有丝绸类、茶叶类货物，估计这些丝绸、茶叶很多产自杭州，因为杭州的丝织业已成全国之冠，影响深远。当然，因为沉船在水底下这么长时间，丝绸、茶叶经腐蚀、毁损，我们已经很难找到证据。

不管怎样，"井里汶号"肯定与吴越有关联，与杭州有关联，说明吴越国或者说杭州与东南亚、西亚地区之间存在大规模的组织完善的海洋网络和贸易联系。"井里汶号"沉船是五代至北宋初期海上丝绸之路商业贸易的重要见证。

当我们看到沉船上的器物数量如此之多，器物来源地如此之广时，我们的脑海中自然而然地浮现出这样一幕场景：一位带有"我来自吴越，我出自钱塘"之自信的船长，站在气派、高大的船头，看着无垠的大海，脑海中在勾画一条远洋出航的路线，心中在描绘连通东海、南海，甚至是更远世界的商业宏图。

当然，可能是一场突如其来的风暴或者是一片不可预知的礁石，打断了船长脑海中的航海路线，毁坏了船长心中的商业宏图。但我们可以说，贸易的热情是无法被浇灭的，人类对海洋的尊崇和对利益的追求永无止境。

参考文献

1.〔宋〕王明清：《玉照新志》，上海古籍出版社，2012年。

2.〔宋〕陶穀：《清异录》，《宋元笔记小说大观》，上海古籍出版社，2001年。

3.〔宋〕欧阳修：《新五代史》，中华书局，1974年。

4.〔唐〕罗隐：《杭州罗城记》，载〔清〕董诰等编《全唐文》，中华书局，1983年。

5.〔清〕黄遵宪：《日本国志·邻交志上二》，《清末民初文献丛刊》，朝华出版社，2017年。

6.［日］中村新太郎：《日中两千年》，张柏霞译，吉林人民出版社，1980年。

7.金富轼：《三国史记》，吉林文史出版社，2003年。

8.〔清〕吴任臣：《十国春秋》，徐敏霞、周莹点校，中华书局，1983年。

9.〔宋〕薛居正等：《旧五代史·钱镠传》，中华书局，1976年。

10.本书编委会编：《杭州简史》，杭州出版社，2016年。

11.〔宋〕钱俨：《吴越备史》，中国书店出版社，2018年。

12.孙欣：《"井里汶号"沉船文物考察纪实》，《东方收藏》2013年第9期。

13.［日］木宫泰彦：《日中文化交流史》，胡锡年译，商务印书馆，1980年。

第四章

成"行在",蓬蓬勃勃谱华章

杭州在隋唐时期以"东南名郡"而崛起,吴越国时期更是以"王国都城"而闻名遐迩。由于吴越国统治者一以贯之地执行"保境安民"的国策和海外开放的外交思路,使杭州的对外影响力大增,杭州一跃成为东南地区一流的中心城市,成为与苏州和越州并称的著名城市。

正像谭其骧先生所说:"使杭州从第三等超升到第一等的是五代时的吴越钱氏。"但如果把杭州的对外交往历史谱成一首咏叹调的话,真正的高潮应该在两宋时期。可以说,两宋谱写了杭州对外交往的华章。

北宋时期上承吴越,下启南宋。由于得天独厚的地理位置和前代的经济文化积淀,杭州已经成为江南地区人口最多的州郡。据史料记载,当时的杭州人口已达20万,真正成为"东南第一州"。

北宋时期的杭州不仅是全国的丝绸中心和雕版印刷中心,更是全国四大贸易港口之一,对外交流频繁,海上贸易顺畅。

蔡襄曾说:"杭于吴为一都会……浮商大舶,往来聚散乎其中。"①"杭州,二浙为大州,提支郡数十。而道通四方,海外诸国,物货丛居,行商往来,俗用不一。"②杭州成为"市列珠玑、户盈罗绮"的对外交往重镇。

到了南宋,杭州的对外交往达到了空前的高度。宋高宗在金兵压境、不断南逃的过程中,看中了杭州这座既有风景又有内涵的城市,留下了"西溪且留下"的令人心动的寄语。后诏令以杭州州治为行宫,把杭州提升为临安府,作为都城。为了表示不忘故都开封,只称临安为行在或行都。从此,杭州就有了"行在"之名。行在,也成为西方人心中神秘的福地和向往的天堂。

南宋时的杭州不仅是全国最大的商业城市,更可称得上当时的世界第一繁华都市。据《梦粱录》等书记载,当时杭州的流动人口就已达四五万人。南宋咸淳年间(1265—1274),临安府包括所辖九县的人口已经达到124万。

繁华的景象吸引着来自各国的友人,多国使臣、四方商贾来来往往,构成了"钱塘自古繁华"的美妙图景。便利的交通和不断改革创新的管理措施,使杭州的对外交往到达了令人叹为观止的高度。

一、市舶司,海外交流真少不了它

中书言,广州市舶条已修定,乞专委官推行。诏广东以转运使孙迥,广西以转运使陈倩,两浙以转运副使周直孺,福建以转运判官王子京,迥、直孺兼提举推行,倩、子京兼觉察拘拦。其广南东路安抚使更不带市舶使。([清]徐松《宋会要辑稿·职官四四》)

宋神宗元丰三年（1080），时任两浙转运副使的周直孺正在府衙中对着唐朝书法家柳公权的《玄秘塔碑》帖子习练书法，借以纾解近日来公务繁重的压力。

宋初为集中财权，改置专职的都转运使、转运使，掌握一路或数路财赋，有督查地方官吏的权力，后职掌扩大，实际上已成为州府以上的行政长官。

当他正练到兴头之时，只见书吏来报，官家有旨。他连忙叫人摆放香案，开中门迎接通事舍人，开始接旨。通事舍人宣旨完毕，边喝茶，边对周直孺说："恭喜周漕司[①]。官家对您欣赏有加，叫您兼领市舶司职务，可谓责任重大啊！"

周直孺低头拱手答道："感谢您！臣由于对市舶司职责、业务不甚熟悉，担心有负官家重托啊！"

通事舍人对周直孺说道："周漕司无须客气，咱家看您精明强干，必然游刃有余。只是到时不要忘了咱家就是了。"

周直孺拱手道："岂敢！岂敢！一定不忘您的恩典。"

送走通事舍人，周直孺走进书房，告诉书吏，不要叫任何人打扰他，他要好好梳理一下思路。他在太师椅上坐下，闭目沉思起来。由于他以前只管官吏考察和维持治安等事务，对市舶司知之不多。

但作为主政一方的大员，周直孺对市舶司的历史还是有一定了解的。他知道市舶司的前身是"市舶使"，最早于唐开元二年（714）设于广州，总管海路邦交外贸，

[①] 据黄本骥《历代职官表》载，宋代之转运使号称漕司，而实际上已带有民政性质，由经济专业之官变为高级地方行政长官。

由朝廷专门派官员充任。大宋开国后沿袭唐的制度，在广州专门设市舶司掌管海上贸易等。

由于市舶使收益巨大，太宗端拱二年（989）、真宗咸平二年（999）又分别设市舶司于杭州、明州，之后泉州等地的市舶司也相继设立，在一些较小的港口则设立市舶务或市舶场，它们的共同职责是负责检查进出港的船舶，征收商税，收购政府专卖品和管理外商等。

杭州市舶司起初设在城东南的保安门（候潮门的北面）外诸家桥之南。后来，移到城北的梅家桥（今体育场路梅东高桥附近）的北面。周直孺以前多次路过，但由于分工不同，职责各异，他一直没有进去看过，对市舶司的工作流程与职责也不甚了解。

一开始，朝廷是用"州郡兼领"的办法来管理市舶司的，也就是说，由地方官员充任市舶使，所以他一直没有深入去了解。而此番诏令一下，意味着从此时起免除地方长官的市舶兼职，改由"专委官"的转运使直接负责市舶司事务，可见朝廷对此事的重视。

作为一路的最高长官之一，周直孺深知现在朝廷各项支出繁多，尤其是庞大的官费与军费开支，财政入不敷出。而市舶司的税收在朝廷的各项收入中所占比重越来越大，这是一项关系朝廷财政收入的大事，不可有丝毫马虎。

当他思绪纷飞，心情晴雨难定时，一个念头突然涌上心头。他打开书房门，对候在门外的书吏说道："去一趟市舶司，叫他们把工作流程整理一份，马上送给我，本官要看。"书吏连忙应声而去。

不久，书吏回府，身后还跟着市舶司的一位佐吏，手中拿着一大摞相关律令条例。佐吏进门后，恭恭敬敬地对周直孺打了一个躬，禀道："得知您兼领市舶司事务，本司上下皆欢欣鼓舞。小人准备了相关律令条例，以备大人查询。您如有疑问，小人尚略知一二，随时听候您的盼咐。"周直孺让书吏带他去旁边小屋等候，自己打开律令条例认真浏览起来。

真是隔行如隔山啊！周直孺边看边感叹。直到此时，他才知道在杭州设立的市舶机构还分两个级别：路一级的两浙路市舶司，府、州一级的杭州市舶务（南宋时期改为临安市舶务）。市舶司下面还设有许多馆驿和仓场库务，是和市舶司相配套的设施。馆驿负责外来商贩的休息住宿，仓场库务用于货物的存放。

杭州的馆驿，著名的有浙江亭、同文馆、邮亭驿、怀远驿、仁和馆、都亭驿、北郭驿亭，以及具有一定馆驿功能的接待寺等。这些驿馆等机构接待标准很高，用于接待出港官员、来杭外商、外国使者，花费很多。驻地在杭州的两浙市舶司和杭州市舶司，还分别设有勾当公事（干办公事）、监门官、孔目、客司、专库、贴司、专称、手分及押香药纲使臣等专职人员。

周直孺最关心的是市舶司的职责，他专门挑选了相关的律令条例，对市舶司的职能作了一个系统的梳理。律令上明确记载，"（市舶司）掌蕃货、海舶、征榷、贸易之事，以来远人、通远物"。杭州市舶务更是明确规定："凡海商自外至杭，受其券而考验之"。也就是说，市舶司负责海外商船在中国从事贸易活动的管理，主要职能是抽解、博买和发舶。

抽解，就是征收进口关税，征收办法是将进口货物按数量平均分为十份，抽取其中若干份作为关税。"其抽解将细色直钱之物依法十分抽解一分，其余粗色并以十五分抽解一分"。

博买，就是市舶司抽解之后，继续统购一些货物作为官府之用，市舶司博买的价格往往低于商品的市场价。博买后，商人便可以自由贩卖。

发舶，就是对出海贸易船只进行的审批检查。政府发放给进出口海舶的贸易许可证叫作公据。公据会在抽检货物的时候查验，合格的情况下给予通过放行。"商旅出海外蕃国贩易者，须于两浙市舶司陈牒，请官给券以行，违者没入其宝货"。市舶司还要对出海船只进行查验，防止夹带武器、铜钱、部分书籍等违禁物品。

看到此处，周直孺连忙叫书吏去把佐吏叫进来，问道："若发现海船违禁，我们一般如何处理？"

佐吏恭恭敬敬地回答："一般的违禁行为有以下几项：没有获得政府发放的公据而私自出外贸易；公据所规定的内容与事实不符，如物品数量不符、去处改变等。一旦发现上述行为，商人要被捕，货物要充公，严重的还要施以杖刑呢。"

周直孺频频点头。突然，他脑海里又冒出一个问题，他转头问佐吏："我们两浙路市舶司的税收不如广州啊！我们要怎样才能增加我们的税收呢？"

佐吏低头沉思一会，答道："朝廷的抽解和博买都有律令，不能随意更改，不然会引起事端。小人倒有一策，不知大人是否会怪罪。""但讲不妨。"

佐吏道："为了吸引更多的外国商船到杭州来贸易，我们可以让市舶司派人到海外各藩国进行游说，以优惠待遇招引他们到杭州来经商贸易，不知此策是否可行？"周直孺听后大有所悟道："此计甚好，马上拟订个方案，两天后送我过目。"佐吏领命而去。

北宋建立后，致力于发展经济，商业活动越来越频繁。据考证，当年与宋代有直接或间接海贸往来的国家或地区，从唐代的三十余个增至六十余个。

大体分为五个地区：一为今中南半岛诸国，如交趾（今越南北部）、占城（今越南中南部）、真腊（今柬埔寨）和暹罗（今泰国）等；二为南洋群岛诸国，如摩逸国（在今菲律宾群岛）、三佛齐（在今苏门答腊）、渤泥（在今加里曼丹岛）等国；三为印度半岛和邻近诸国，如锡兰（今斯里兰卡）等国；四为波斯湾、阿拉伯半岛及其以西诸国，最远到达地中海和东非海岸，如麻嘉（今沙特阿拉伯麦加）、层拔（今坦桑尼亚的桑给巴尔）等国；五为东亚的高丽和日本。

宋代造船技术较之唐代有很大进步，《萍洲可谈》这样描述当时的远洋海舶："深阔各数十丈，商人分占贮货，人得数尺许，下以贮物，夜卧其上。货多陶器，大小相套，无少隙地。"

周去非则描述了一种"巨舟"："浮南海而南，舟如巨室，帆若垂天之云，柂长数丈。一舟数百人，中积一年粮。"宋船不仅载重量大，而且船体坚固，结构良好，促进了宋代对外贸易的发展。

市舶司是海外贸易繁盛的产物。为了有效管理海外贸易，市舶司应运而生。宋代市舶司作为国家的一个行政机构，在财政、监察、外事等方面扮演了极其重要的角色，其地位不可忽视。杭州设置市舶司，更是杭州对外经贸交流的一个里程碑事件，这表明了一个地区对外开放的程度加深，已需要政府部门参与管理。

市舶司给杭州的城市繁荣也带来了巨大影响，深深打上了对外交往的印记。在市舶司所在地和运输路线沿途枢纽地区形成了一些蕃货集聚的市场，简称蕃市。杭州城的蕃市在外城，"杭城之外城，南西东北，各数十里，人烟生聚，民物阜蕃，市井坊陌，铺席骈盛，数日经行不尽，各可比外路一州郡，足见杭城繁盛矣"。

两宋政府还在通商口岸创办外商招待所，如杭州有怀远驿，明州有来远驿。外商首领来到时，市舶机构准许他们坐轿或乘马，当地的主要官员还要亲自接见。中外商船出海时，市舶机构可以派送酒食，设宴饯行。对于外商和外国商船也采取保护措施，如遭遇风水不便，船破桅坏者，就可以免税。

外商如果受到当地官吏的敲诈勒索，准许越级上诉。市舶机构的官吏和中外商人对海外贸易有所贡献，就可得到奖励，官吏如破坏海外贸易，要受处分。

南宋时，由于金朝占领了北方的大片领土，因此，和北宋相比较，南宋管辖的沿海范围比北宋时要小一些。南宋管辖的沿海地区主要有淮南东路、两浙西路、两浙东路、福建路、广南东路和广南西路等六路。原先属于北宋沿海范围的河北东路和京东东路，随着宋金的和议而划归金朝管辖。临安作为南宋的都城，在这里设立了市舶务，一直到元朝仍为一大市舶机构所在。可见，临安在当时南宋的贸易地位是不容小觑的。

宋朝通过市舶司获得的税收，从北宋皇祐年间（1049—1054）的53万贯，治平年间（1064—1067）的63万贯，涨到了南宋绍兴年间（1131—1162）的200万贯，约占朝廷财政收入的百分之六，对宋代的繁荣起了重要作用。

二、转智和尚，他真的来自日本

五丈观音

〔宋〕董嗣杲

海国风涛拥万寻，此身何翅直千金。

涉波直现昂藏相，结屋还坚报施心。

圆得诸方传转智，幸存一半有观音。

阴廊谁立苔碑在，只载三朝法驾临。

上面这首诗是南宋末年杭州诗人董嗣杲在游览杭州五丈观音寺时有感而发写成的。

现在的杭州人，对五丈观音寺可能久已不闻，对该寺的历史更是知之甚少。正因为如此，要读懂董嗣杲诗中的一些典故，可能颇费周章。"海国风涛拥万寻""涉波直现昂藏相""圆得诸方传转智"，这些诗句到底表达什么意思？转智和尚是谁？他真的来自日本吗？他和五丈观音寺有什么关系？人们为什么又称他为纸衣和尚？要读懂这些诗句，解开这些困惑，我们真应该听听转智和尚的故事。

宋太祖建隆元年（960），一生尊崇佛教的吴越国王钱俶为了宣传佛法，花重金铸造了84000座宝箧印经塔，并派使者远渡重洋，将其中的500座塔颁赐给日本的各大寺院，以广结佛缘。

当吴越国使者在日本完成使命准备返还时，却见一名自称"转智"的日本和尚前来求带。原来转智早闻东土尤其是吴越国佛缘深广，杭州更有"东南佛国"之称。因此，他想搭个顺风船一起到杭州，领略一下"东南佛国"的风光，同时也可以与当地高僧共同研究佛法。诗中"海国风涛拥万寻"就是指这件事。

转智和尚是一位名副其实的日本僧人，他出生在日本平安时代中期的一个中等官吏的家庭，父亲在九州大宰府担任"监"的职务，这使转智能够较为便利地接触到往来于东亚海域的外国商人。

可是，顺风船并未一帆风顺。在来杭州的路上，这艘船遇到了罕见的风浪，只见狂风怒吼，海浪滔天。在滔天的巨浪中，船只如同狂风中的一片枯叶，上下颠簸、左右摇摆，有好几次眼看就要翻船了。船上众人虽然久经风浪，但也是第一次遇到这样的情况，当时大家都处于极度惊恐之中。

在惊恐之余，他们见到了一幕让他们心定的场面：只见转智和尚合掌端坐，面不改色，一心念诵"如意轮咒"经。看到这一幕，大家仿佛吃了定心丸，齐心协力，各守岗位，努力操纵船只。最后，在转智和尚的诵经声中，风浪渐渐平息，海面恢复了平静，众人力挽狂澜，海船安然无恙。

等到风平浪静之后，船上众人纷纷围拢到转智和尚身边，七嘴八舌地问他，面对如此困境，为什么还能如此镇定、如此淡然？这时转智和尚说，因为自己有恃无恐啊！方才端坐诵经时，他忽然看见如意珠王（观世音菩萨所显化），显现出了十首八臂、十丈之高的胜相。因此，他坚信菩萨一定会保佑大家的。

果然，海上不久就风平浪静了。大家都感到不可思议，有人甚至问了一句："我们怎么没有看到啊？"转智和尚深沉地说道："你们的佛缘还不到啊！你们还需要多念佛、修道，才能与佛结缘。"看到众人似信非信的样子，转智又许愿道："只要我们平安登陆，以后我一定会找一处有高梁广宇的殿宇，雕造一座十丈高的观音胜相，让你们看看我看到的菩萨的样子，同时也以此感谢佛的恩惠，感谢观音普度众生。"众人看到风浪已经平息，就在一阵阵窃窃私语中散去。诗句中"涉波直现昂藏相"即是指这件事。

对此，我们有一点可以肯定：当众人处在一片惊恐之时，转智和尚的淡定自如，给了大家一种无形的力量，让他们产生了无尽的勇气。能做到泰山崩于前而心不乱，转智和尚的修为确实高深。

平安到达杭州后，转智和尚开始遍访在杭州的各座庙宇，想找一个能安放十丈高的观音胜相的地方。但当他真正要把这个想法付诸实践时，却发现想想容易做做难——别说在杭州，就是在整个吴越国，想要雕造一座十丈高的佛像，其难度都可想而知，想要找到一座能容纳十丈高像的庙宇，更是难上加难！

但是，转智和尚并不气馁，他游遍杭州的山山水水，踏遍杭州的寺观庙宇，不停地转，不停地看。诗句中"圆得诸方传转智"就是说，当时很多地方都已经传遍转智之名。

真可谓"功夫不负有心人"。最终，转智和尚找到了始建于唐文宗开成四年（839）的龙兴千佛寺，这是当时杭州最高大的庙宇，庙内拥有一座八丈高的殿阁。寺庙住持僧光法师对转智和尚的想法十分支持，但知道八丈高的殿宇也安放不下十丈高的法相。后来，两人经过不断磋商，提出了一个解决方案：以阁为殿，造两座五丈高的观音雕像，两座相合就可以凑成十丈之数。

僧光法师心中虽然同意这样的设想，但感觉这是一件大事，国王钱俶深研佛法，这种事情应该让国王知晓，而且转智和尚又是国王请来的，还是由国王来决定比较妥当。于是，僧光向钱俶汇报了转智的想法。钱俶一听有这样的好事，满口答应。僧光便将千佛寺进行了一些改造修缮，转智和尚则负责化缘募工，中日两国和尚配合默契，雕造了两尊各五丈高的观音像，谱写了杭州对外交往史上的佳话。

千佛寺因有转智和尚雕造的这两尊非同一般的观音像，而改称五丈观音寺。《咸淳临安志·西湖图》中记载，五丈观音寺，旧名龙兴千佛寺，在今玉皇山南麓。在两宋时，这两尊观音像颇为灵验，影响力也很大。方腊起义时，杭州被攻破，观音寺遭受战火的劫难，寺院被毁。

《咸淳临安志·西湖图》（姜青青重制）上标有"五丈观音寺"

但只有观音阁幸免于难，这更增加了五丈观音的神秘色彩。民间因此传说："人有意度，则求转智者。"也就是说，人如果有所希冀，求转智则灵。

可见转智在南宋时已经成为人们崇拜的对象。乾道年间（1165—1173），太上皇赵构、皇上赵昚、皇子赵惇三人同时临幸五丈观音寺，成为一时佳话。皇帝赏赐甚多，使该寺更是名声大震。

转智和尚的故事还没有结束。宋人叶绍翁还提到转智的奇异之处："转智不御烟火，止食芹蓼；不衣丝绵，常服纸衣，号纸衣和尚。"①

从日本远道而来的转智和尚，平常只是找些野芹、水果充饥——他居然不食人间烟火；无论寒暑天气，一件褚袍（纸做的衣服）遮体——他居然也不穿丝绵衣裳，因此被人称作"纸衣和尚"。后来他由海道前往天竺（今印度）求法，在南海附近的瞻波国不幸中毒身亡。

一个来自日本的僧人，在遭逢大难后与杭州的僧人一起建造了五丈观音像，成为大家崇拜的对象；一位漂洋过海的和尚，以奇异的行为被称为异人，成为人们口口相传的"纸衣和尚"；一位执着佛法的大师，为求法四处奔波直至牺牲自己的性命，成为众人交口称赞的殉道者。转智和尚在杭州的对外交往史和佛教史上留下了浓重的一笔。

三、慧因寺，为什么改称高丽寺

1099年，义天捐金二千两给慧因寺，修造华严经阁，以珍藏他所奉献的《华严经》秘典，同时供奉卢舍那佛、普贤、文殊菩萨像并供具等于阁内。

① 《四朝闻见录·五丈观音》。

由此俗间改称慧因寺为高丽寺。

一看到前面这段文字，估计读者诸君会感到困惑：慧因寺在哪里？我们都知道灵隐寺、净慈寺和天竺寺，怎么没听过有慧因寺？义天又是谁？他同杭州的对外交往有什么关系？且听我慢慢道来。

僧统义天，是高丽王子，生于1055年（高丽文宗九年，北宋仁宗至和二年），俗名王煦，字义天，因避宋哲宗之讳，就以字代名。可见义天从小就尊崇宋的文化，作为一个高丽人却为宋朝皇帝避讳，难能可贵。

义天自幼聪明好学，11岁时就有出世的志向并付诸行动。出家后，好学不倦，对佛学的理解日渐精进。由于他的佛学修养高，所以在27岁的时候就受封了僧统的法阶和"祐世"之号。

元丰四年（1081）九月，义天正在僧舍焚香静读。案头上放有《华严妄尽还源观疏钞补解》一书，此书乃是大宋朝杭州祥符寺住持净源法师所著。净源法师一生精研华严宗，集众家之长，颇有见地，义天早有所闻。

义天也对华严宗教义十分感兴趣，但对很多关键之处总有不能悟透之感，一直感到困惑。书中净源法师的"起信论"解决了华严宗的起源问题，也解决了他心中的许多困惑，他不禁击节叫好。

他把自己最得意的弟子寿介、良辩二人叫进僧舍，与他们一起分享读书心得。寿介突发奇想："我们国内高僧大德不多，弟子有问除了请教吾师外，也很少有人能帮弟子释疑。吾师何不修书一封，向净源法师表达敬慕之意？如能得到回书，那不是天助人愿吗？"

良辩心存疑惑，他迟疑地说："吾国离大宋朝路途遥远，交通很是不便，净源法师又与我们素未谋面，不知……"义天把手一摇，毅然决然地说："不要迟疑了，犹疑迟误非佛家所为。马上准备笔墨，为师亲自修书。"

书寄出后两个月，义天仍同往常一样在僧舍读书、悟理。忽然，寿介的声音远远传来："净源法师回信了！净源法师回信了！"只见寿介手持一纸书信，兴冲冲地跑进僧舍，良辩跟在后面。看到义天淡然自若的神情，寿介也放低了声音，但仍然掩饰不住喜悦的心情。

他把书信摊开，给义天看。只见书信上龙飞凤舞地写有八个字："因风而来，口授心传。"义天一见也很高兴，净源法师话虽不多，但诚恳之心、提携之情跃然纸上。义天同两个爱徒说，我们马上入宫，表明入宋求法之意。

时间过得很快，三四年时间倏忽而过。其间，义天好几次向父王进言，要渡海赴宋求法，但始终没有得到应允。尤其是他的母后，更是一提起这个话题就泪流满面，以至于到后来，义天都不敢在母后面前再说起，但师徒三人的心愿却越来越坚定。

元丰八年（1085），已经30多岁的义天深感时不我待，再如此沉溺于亲情，必将一事无成。他叫来寿介和良辩，对他们说："你们是否已经做好南渡大宋朝的准备？如果已经准备好的话，我们一定要义无反顾，否则真会有蹉跎岁月的罪恶感。"

寿介和良辩频频点头，良辩说："弟子认识一位僧人，他刚从大宋朝回来，我们是否可以叫他帮我们联系一下到大宋的船只，找几张到大宋的地图？"

第四章 成"行在",蓬蓬勃勃谱华章

慧因高丽寺

义天说:"我给家人留封书信,良辩你去联系船只,寿介准备行囊和干粮,我们三天后出发。"

三天后,师徒三人留下一封书信,微服打扮,去了贞州(金浦)港,在那里随宋朝商人林宁的商船渡海入宋。一路艰辛,此处暂且不表。

他们于五月抵达宋朝密州板桥镇。听闻高丽僧统义天来宋求法,宋廷也非常重视,哲宗皇帝下令接见义天。虽然刚刚继位的哲宗皇帝年方10岁,但年少有为,义天受到了国宾礼遇的特殊接待,并收到了众多贵重之礼。

义天当然不会因为这些礼物就感到心满意足,他的主要任务是求法。他马上向哲宗皇帝上表,请求前往他心心念念的杭州祥符寺住持、华严宗大家净源法师处拜师求法。他连续上表四次,哲宗皇帝见义天如此心诚,遂下诏同意。

073

元丰八年（1085）九月，义天如愿以偿，来到了杭州，一同前来的还有主客（官名）杨杰，这是朝廷专门委派的陪同官员。杨杰先带义天造访龙井寺，拜访辩才大师。

辩才陪同义天和杨杰遍游龙井寺，喝龙井茶，品龙井泉，从容论道，这件事在杭州佛教界可是大有影响。杨杰还陪义天去杭州慧因寺，受法于净源法师。多年的心愿一朝得偿，义天的喜悦之情可想而知。

慧因寺，我们现在对它知之不多，但在宋代，其佛缘广盛。该寺始建于后唐天成二年（927），由吴越王钱镠所建，名慧因禅院，面对玉岑山，背靠左为赤山，右为南高峰，箕泉、蛟窗二水合流而绕于寺前①。

宋朝时，由于会昌法难的影响，华严宗的经论散佚流失，华严宗已经逐渐衰落。而义天在高丽时就非常关注华严宗的教义，他来宋朝时也带来了一大批他在精研过程中存有疑惑的经疏，这些经疏因为义天的好学不倦而得以重新在中国传播，大家都对义天赞赏有加。

义天还曾去拜访上天竺天台宗慈辩从谏大师，受传天台教规。慈辩大师劝义天不可为求法远离母亲使之担忧，并把手香炉传给义天，义天深受感动。

他还去参拜了天台山智者大师塔，并在塔前写下发愿书，祈愿宣扬天台教规。陪同官员杨杰和天台宗僧侣刻石立碑，记载了以上事迹。元祐元年（1086）五月，义天自定海卫（今镇海）跟随高丽使臣还国，当月抵达成江，回国后住持兴王寺。

义天回国之后，又于元祐二年（1087），奏请国王遣使者送给慧因寺经书《华严经》三部一百八十卷。

① 今在杭州玉岑山、筲箕湾西北面，五老峰东南面，与俞曲园墓、陈蘷龙墓、于谦祠等古迹相邻。

净源法师非常高兴，特意在慧因寺修建了华严阁以安置经书。

为了修造此阁，义天还捐金两千两给慧因寺，以珍藏他所奉献的《华严经》秘典，同时供奉卢舍那佛、普贤、文殊菩萨像并供具于阁内。由此，民间改称慧因寺为高丽寺。

回国后的义天一直广求佛法。他致力于佛教传述的收集和出版，编写过《新编诸宗教藏总录》，主持编纂的《高丽教藏》规模宏大，成就卓然。

高丽国清寺完工后，义天任国清寺第一代住持，开讲天台教，创建高丽天台宗。高丽肃宗六年（1101）十月五日，义天于开京总持寺圆寂。因他"才艺俱优，名重辽宋"而被册赠为大觉国师，享誉佛教世界。

四、"行在"，真的有这么繁华

建炎南渡，李天祚乞入贡，朝廷嘉其诚，优诏答之。绍兴二十六年乞入贡，许之。乃遣使由钦入。正使，安南右武大夫李义；副，安南武翼郎郭应。以五象充常进纲外，更进升平纲，以安南太平州刺史李国为使。所献方物甚盛，表章皆金字。（〔宋〕周去非《岭外代答·安南国》）

绍兴二十六年（1156），安南国（今越南）赴南宋行在临安朝贡的使团一行在正使李义、副使郭应的带领下，向临安进发。使团中有衙官50余人，负责使团的各项事务，加上脚夫、象奴等也有上百号人。

安南国王李天祚为表明诚心，同时由于自己刚刚即位，需要得到大宋王朝的认可与支持，对这次出使可谓不惜重金。车上载了很多的金器、珠宝。"贡珍珠，大者三颗如茄子，次六颗如波罗蜜核，次二十四颗如桃核，次十七颗如李核，次五十颗如枣核，凡一百颗，以金瓶盛之。贡沉香一千斤，翠羽五十只，深黄盘龙段子八百五十匹，御马六匹，鞍辔副之，常进马八匹"，更让人惊奇的是还载有五头大象。

沿途的州县官员听闻是安南国进贡的使团，纷纷宴请犒劳，珍馐美味一路不绝。一些热情的州县长官为了让使团成员在皇上面前说句好话，还赠送了不少礼物土仪。使团从钦州（今属广西）出发，开始几天，一路无话。

随行的衙官都认为此次出使礼物丰盛，所过州县长官又如此巴结，都有点趾高气扬的感觉。正使李义骑在马上，也有点洋洋自得之意。他对副使郭应说道："王上这次用心太过了，这么多的礼物，不知能办多少大事。现在我可是真的担心我们是热脸贴冷屁股，能取得多大的效果，还真是难说呢！"

郭应附和道："听说我们来了之后，王上还派太平州刺史李国为使，带了十头大象和其他的金银珠宝准备再来临安呢，真是不惜工本啊！"李义不屑地说："这么几天走下来，堂堂的大宋朝好像也不过如此啊！同我们那边不是差不多嘛。"

身旁一个衙官听了后，连忙提醒道："大人，托王上洪福，小人前几年也作为使团一员到过大宋'行在'，那可真是繁华啊！我们才走了这么几天，所过都是边境小城，还没到他们的府州所在地呢。"

李义问道："你先前来过？姓什么？"衙官道："小

人姓李，与大人还是本家呢。请大人以后多关照。"李义道："好好办差，用心做事，别出差错，本大人不会亏待你。"

随着时间的推移，沿途的观众越来越多。物以稀为贵，所过诸州的百姓对大象知之甚少。看到只有在图上、书上见过的动物就在眼前，纷纷呼朋唤友，前来围观。尤其是几头大象要过河时，码头上更是人山人海。当他们看到这几头庞然大物在象奴的驱使下，温顺地登上船只时，围观百姓更是发出一阵阵惊叹。

有时由于人实在太多，走得又过近，差点发生踩踏事件。看到这样的情景，李义不无忧虑地对郭应说："告诉象奴，小心照看，不得有误。"郭应领命而去。

当使团来到静江府〔今属广西桂林，南宋绍兴三年（1133），升桂州为静江府〕时，只见此地与前面所过州县不同，大街上张灯结彩，一片繁华，使团成员都被震撼到了。当他们在瞠目结舌之下步入静江府衙大堂时，只见府衙外迎候的士兵都穿着华美的铠甲，队伍整齐，进退有序，纪律严明，一片整肃。

李义回头看了一下郭应，发现他也被这种阵势给吓到了，手脚都不知道如何摆放。李义只好自己调整心情，收敛了前几天还带有的狂傲之气，远远在戟门外就下马。

看到府尹在门口迎接，他连忙一路小跑，用恭敬的礼节与府尹见礼，感叹地说："我到现在，才真正见识到什么叫大朝气度，什么是大朝威仪，领教！领教！"

府尹笑笑说："此地还是偏远蛮荒之地，不及我们行在十分之一啊！如果你到了行在，才能领略我们天朝的繁华啊！"

郭应在旁，见府尹提到行在，插了句嘴道："本人一直有个困惑，为什么把临安府称为'行在'呢？"府尹叹了口气，说："靖康之耻，谈及令人扼腕！建炎南渡后，当今圣上一心以迎回'二圣'、收复汴京为己任。因此，虽然定都临安，也只是作为临时驻跸之地，所以称'行在'，其意在于有朝一日能够回都汴京啊！"郭应频频点头。

使团经过静江府时已经领略了大宋王朝的繁华，大家都收起了以前的傲气。离临安越近，他们越是感到震撼。那姓李的衙官拿出一张他前几年出使时得到的临安城地图，对两位使臣说："大人们请先看看临安城图，了解一下行在的大致样子，也好有所安排。"

两位使臣围在一起，打开地图。只见城池南靠凤凰山，西临西湖，东边和北面有一片平原，形成南北向的狭长格局，不规则的城墙绕着城密密围了一圈。南边的宫城以凤凰山为依托，将山体当作了后山，一条长达十里的御街从宫城北门引出来，笔直地向北，一直通往临安城的北门。御街两侧，各类门面店铺鳞次栉比，各种手工作坊、瓦子戏院充斥其中。

姓李的衙官在旁边补充说："最难忘的是晚上，大街小巷游人如织，摩肩接踵，各式各样的商品令人目不暇接，叫卖声、吆喝声，此起彼伏。这种场面让人印象深刻。"

李义转头对李姓衙官感叹地说："仅看看图和你的介绍就已经让人心生向往了，不知到了那里，会看到什么景象呢？难不成像天宫一样？"郭应也附和地点点头。

使团逶迤来到行在时，已近黄昏。城门口候着两位前来迎接的礼部鸿胪寺官员。双方互致问候之后，官员们带使团成员前往瞻云馆，这是朝廷专门为来自三佛齐、真腊、大理以及安南等国设置的外交接待馆驿。去瞻云馆须从御街末尾的北门进去。一入北门，使臣们发现行在真的有这么繁华。

宽达五丈有余的街道笔直延伸，平整的石板铺满脚下，偶有块块香糕砖点缀其中，形成了一幅幅美妙的图画。街道两边，连绵的商铺不曾间断，一间连着一间；各色的招牌琳琅满目，一块挨着一块；五彩的灯笼耀眼夺目，一盏接着一盏。旁边的酒馆、食肆、卖布的、卖胭脂的、卖衣服做裁缝的、卖古玩器具的，林林总总，数不胜数。

街道两侧，还有些窄了许多的横街巷道，里面依旧灯火通明。人流从宽广的御街上分流出来，像一股股奔腾的水，不时地汇入路边的店铺里。使馆众人如入天街之中，双目难以暇接。

车队行经一个所在，外有围墙，门外排有长队，有人在门口收费。围墙里面人声鼎沸，喝彩声、叫好声不绝于耳。李义颇为好奇，问陪同官员道："此是何处？为何如此嘈杂？"陪同官员见怪不怪地回答道："此是瓦子，是临安百姓休闲娱乐之处。里面建有许多戏台和观众席，我们称之为勾栏瓦舍。观众席上又分'神楼'和'腰棚'等雅座，平地上也可以站立观看。人们可以根据自己的需要买票入场。"

李义问道："每天都如此热闹？"官员回答："是的！这里叫北瓦，像这样的瓦子我们这里有很多，如清

西湖全景

泠桥西熙春楼下的南瓦子、市南坊北三元楼前的中瓦子、钱塘门瓦、艮山门瓦、北郭瓦等。由于北瓦这里人流密集,物价相对便宜,一般人都承受得起,所以人群最多,自然也是最为热闹的了。"李义感叹道:"真像一座不夜之城啊!"

使团众人在一阵阵感叹声中来到瞻云馆,后面几天朝圣陛见,行程安排得非常满,这里暂且不叙。但李义和郭应私下已经相互交流说,此行虽然行程艰远,但这几天的所见所闻,却已经让他们如入天宫,真有恍入仙境的感觉了。他们开玩笑说,回去之后好几年的谈资都有了。

实际上，使团所见的行在风貌，只不过是冰山一角。据《武林旧事》记载，南宋时的杭州商业有四百四十行，各种交易发达，日本、高丽、波斯等五十多个国家和地区与杭州有使节来往和贸易关系，各行各业都发展良好。

古人曾描绘说，杭城大街上的买卖昼夜不绝，一直到夜交四更，游人才慢慢稀少下来。可以说，杭州的繁华怎么去想象都不为过。

谈及临安的繁华，当然还离不开西湖。经过北宋苏东坡等人的疏浚维护，西湖在南宋时已经越来越具有西子的风采。苏堤春晓、曲院荷风（一作曲院风荷）、平湖秋月、断桥残雪、柳浪闻莺、花港观鱼、雷峰夕照、两峰插云、南屏晚钟、三潭印月等所谓"西湖十景"，就是在这个时候被命名的。

南宋还先后建造了聚景、真珠、南屏等御花园，遍布于西湖之上及其周围。南宋的历代帝王经常逛游夜市，大有"西湖歌舞几时休"的奢侈之风。所以有人写诗说："一色楼台三十里，不知何处觅孤山。"繁华景象可想而知。

五、"尺八"，难道不是天音吗？

尺八原是中国声，销声绝响传东瀛。
七百年后回故土，犹带唐韵宋风情。

蔡维忠的这首《尺八之诺》诗，生动地呈现了源自中国却在日本流传至今的乐器"尺八"的历史与传播情况，展示了杭州对外交流的盛况。

南宋淳祐九年（1249，处于日本镰仓时代），为寻求佛法，日本僧人心地觉心搭乘一艘商船，远渡重洋来到临安（今杭州）。从日本到临安，少说也有两千里路。商船内空间狭小，空气污浊，这一路颠簸，让觉心深感身心疲惫。

平安到达临安后，一下船，出于对佛学的热爱，觉心没怎么休息，便忍受着海浪颠簸所带来的疲惫赶往护国寺。南宋时的护国寺全称护国仁王禅寺（旧址位于现在宝石山下黄龙洞风景区附近浙江省艺术学校校址内），是当时有名的寺院，觉心慕名已久。这次来临安，觉心就是想向护国寺的临济宗禅师无门慧开习禅的。

当马车驶入寺院门口时，觉心听闻一阵清脆的乐器声响起，好似苍茫荒野中的一股清泉，空灵而又恬静。这声音契合心灵，像是从心里流出来一样。高亢处如龙吟九霄，低沉时如燕鸣树梢，余音绕梁，绵延不绝。觉心只觉一阵清爽透过身心，仿佛是受到观音的甘露浇灌一般，顿觉身体的疲惫感都已消失殆尽了。

"这难道不是天音吗？世间怎可能有如此美妙的声音？"他马上问庙内的僧人："这是什么声音？怎么这么好听？"

僧人回答："这是我们这里的一件乐器，叫'尺八'。它是由竹子制作而成的，因为每只管长一尺八寸而得名。"觉心在脑海中牢牢记住了这个让他心旷神怡的乐器名。

第二天清晨，那种悦耳如同天籁的声音再次响起，觉心和尚连忙循音而去。当他走到一个山坡旁时，只见一个居士打扮的人正坐在山坡上吹奏。

觉心望着那截像笛子一样的乐器，感到非常疑惑，他无论如何也想不到，如此简单的乐器竟然能演奏出如此美妙的天籁之音，他连忙向面前的居士讨教了起来。

"这就是尺八吗？敢问居士大名？"那居士连忙拱手与觉心见礼，然后真诚地回答道："我吹奏的乐器正是尺八。鄙人名叫张参，乃是河南府张伯的第十六代世孙。此乐器乃是我们张家先人创造的，我家世代演奏此乐器，这种乐器在我们那里很流行。"

"能否借我一观？"觉心从张参手中拿过尺八，用心打量起来。只见该乐器由竹子制成，外形与笛子略似，有五孔（前四后一）。

觉心反复把玩，又感兴趣地追问道："请问阁下刚刚演奏的是何乐曲？声音为何如此悦耳动听？"

张参自豪地答道："我刚刚演奏的乐曲叫作《虚铎》，这是我祖张伯所创。""《虚铎》，好一个动听的名字。"觉心感叹。

张参进一步解释说："'虚铎'意为用虚空的竹管模仿铎音。铎的外壳是铜，内部的撞珠却是木头。金木相撞所发出来的声音温润圆厚，而粗大空虚的竹管恰能模仿这种音色，实际上它体现的是一种音乐与禅的结合。你有没有发现，吹奏这样的乐器，能让你调整心境，效果绝不亚于坐禅啊！"

觉心听后心悦诚服："中原文化如此璀璨深邃，我能否拜你为师，好好学习这门乐器？"张参看觉心如此心诚，也就不推辞了。

于是，觉心拜张参为师，潜心学习乐器尺八，以及张参吹奏的那首曲子——《虚铎》。日复一日，年复一年，觉心在杭州参悟佛法的同时，总会在闲暇时取出尺八吹奏一曲《虚铎》。每当沧桑的音乐响起时，寺院里的僧人香客总会被这音色吸引，驻足倾听，久久不愿离去，这成了寺院里独特的风景。

五年后，觉心已成为一名得道高僧。在熟读各种经书、参悟各种佛道教义的同时，还成为一名熟练的尺八演奏者，他觉得禅应该与尺八融会贯通。

南宋宝祐二年（1254），觉心将尺八连同张参的四位徒弟国作、理正、法普、宗恕带回日本，兴建并住持兴国寺，这四位徒弟被称为四居士。心地觉心后来被封

〔五代〕周文矩《合乐图》中有尺八的吹奏

第四章 成"行在",蓬蓬勃勃谱华章

为法灯国师，后世日本普化宗尊他为开山之祖。

尺八是一种古老的吹管乐器，在隋唐时期的中国曾经兴盛一时。唐贞观三年（629），唐太宗李世民令侍臣遍访能者重定乐律，中书令温彦博和侍中王珪、魏徵等人极力推荐吕才，说他聪明能干、精于乐律。果然他不负众望，以管长一尺八寸定为乐器标准，名曰"尺八"。

"能为尺八十二枚，尺八长短不同各应律管，无不谐韵。"从此以后，中国的音乐史上就有了"尺八"这个名称，吕才也因此被尊为"尺八之祖"。尺八在中国兴盛了数百年，南宋灭亡后，这件古老的乐器在华夏大地上逐渐销声匿迹。

而尺八现在在日本仍很流行。日本镰仓时代，日本与南宋文化交流频繁，这种交流是以佛教文化为载体的，尺八也可以说是中日两国佛教文化交流的派生物。

尺八在日本融入禅宗，成为辅助修行的法器。日本僧人通过吹奏尺八修行，谓之吹禅，就如中国和尚通过静坐修行，谓之坐禅。吹禅与坐禅有共同之处，都是通过调理呼吸来调理心境。

国家级非物质文化遗产鱼山梵呗的代表性传承人永悟法师说："三国时期寺院僧人应该就开始以此吴地乐器作为修气、练习气息所用；此乐器以低音为主，有止息喧乱、便利法事进行的作用。"

在日本，尺八长期以来与精神和信仰融为一体，这可能是它得以传世的主要原因。尺八流传出去后，产生了不同流派，吹法也不尽相同。但不同流派的演奏家都会到杭州护国仁王禅寺遗址拜谒、寻根，因为这里是他们公认的尺八之源。

六、径山茶宴，肯定是一门艺术

茶宴之起，正元年中（1259），驻前国崇福寺开山南浦绍明入唐时宋世也，到径山寺谒虚堂，而传其法而皈。（［日］山冈俊明《类聚名物考》第四卷）

径山茶宴，即"由僧人、施主、香客共同参加的茶宴"，并同时进行"品赏鉴评茶叶质量的斗茶活动"。

南宋开庆元年（1259），在杭州净慈寺山门外伫立着一位远道而来的僧人，年纪不过三旬，阅历却似颇丰。知客僧迎上前去问讯，只见来访僧人虔诚地说道："小僧来自日本，叫南浦绍明，今年年初入大宋朝求法。几个月来遍访名刹，寻求名师，一直未有所遇。久闻贵寺虚堂智愚禅师佛理领悟深邃、佛缘深远，特来求拜！"知客僧见其虔诚，忙道："请稍候，我去请示禅师。"

同虚堂智愚禅师见面后，双方一阵问偈。南浦绍明对禅师的偈语尚不甚了了，禅师却对绍明的领悟力颇为赞赏，他对绍明说："你且先在我这里住下，我们一起参禅悟道。但缘分如何，还有待日后见证，你先去安歇吧。"

绍明听闻禅师肯让他留下，非常高兴。禅师也不断在观察、考验绍明的佛理，对他的用心和悟道能力颇为满意。

几年时间倏忽而过，咸淳元年（1265）八月，虚堂智愚禅师召开僧众大会，说奉皇帝诏谕，要去住持径山法席。僧众一片哗然，绝大多数人对禅师的离去表示不舍。

南浦绍明越席而出，问道："请问禅师，径山寺在何处？与净慈寺相比，有何独到之处？"

禅师道："径山寺原叫兴圣万寿禅寺，在余杭县境内的径山。此寺以种茶、饮茶闻名。自唐代开山祖师法钦结茅传教起，即行种茶，名曰'径山龙井茶'，采以供佛、宴客、自饮。"

绍明更进一步追问道："师父，我在日本也颇闻饮茶之功效，茶能让人身心俱佳，但饮茶何以同供佛联系在一起呢？"

虚堂禅师一边抚须，一边答道："茶，可是圣物啊！佛徒打坐入定，诵经念佛之余，往往饮茶以修身养性，解渴提神。"

众僧听了大悟。绍明合十请道："请师父让我陪你一起去径山，让小僧进一步领略径山的茶艺。"禅师道："可以，你去收拾一下，我们两天后出发。"

跟随虚堂禅师来到径山寺后，绍明学习更加努力了。除了每天听禅悟道外，他对径山寺的饮茶之风有了更浓厚的兴趣。他发现僧众们饮茶时别具一格，往往集合在菩提达摩像前，举行神秘的仪式。"僧客圈圈围坐，边品茶，边论道德，边议事叙情。"他从中得知，僧人饮茶，实际便是敬佛。所以在饮茶前，每个人都要净手，进茶室时要弯腰、脱鞋，以表谦逊和洁净。

绍明有一次轻声问同住的僧人道："这样的饮茶仪式是不是太过麻烦了？喝茶一定要经过这么复杂的程

天目山余脉径山

序吗？"

僧人朝他一瞥，不屑地说道："你还没有见识过整套的大汤茶会（径山茶宴）呢，那才叫艺术！对茶不敬，何能饮茶呢？"

绍明红着脸道："我怎么没看到过整套的径山茶宴呢？"僧人道："耐心等吧！本寺只有大法会、大仪式时，或者接待重要贵宾时才能举办完整的径山茶宴。"

绍明的等待终于有了收获。一天，同住的僧人神秘地同他说："圣上为了表彰使臣出使金国不辱使命，特赐他径山大汤茶会的礼遇。我们也可以一睹径山茶宴的全貌了。"绍明大喜，他从床榻上一跃而起，在僧舍里走来走去。

看他如此沉不住气，同住僧人拿出一本《禅苑清规》，翻到卷第一《赴茶汤》，对绍明说："你不要激动，先仔细看看这些要求，牢记客人应有的礼数，要不然可要闹笑话啊！"

绍明不好意思地接过那本小册子，找了个小凳子，静下心细心翻阅起来。他发现，光《赴茶汤》一节，就已经够他领悟了：

1. 闻鼓板声，及时先到。明记座位照牌，依位而立。

2. 住持人揖，乃收袈裟，安详就座。弃鞋不得参差，收足不得令椅子作声。正身端坐，不得背靠椅子，袈裟覆膝，坐具垂面前，俨然叉手朝揖主人。常以偏衫覆衣袖，及不得露腕。

3. 安详取盏橐，两手当胸执之，不得放手近下，亦不得太高。

4. 当须特为之人专看，主人顾揖然后揖上下间。

5. 吃茶不得吹茶，不得掉盏，不得呼呻作声。

6. 右手请茶药擎之，候行遍相揖罢方吃。不得张口掷入，亦不得咬令作声。

7. 茶罢离位，安详下足，问讯讫，随大众出。特为之人，须当略进前一两步问讯主人，以表谢茶之礼。

绍明边看边学习，不觉之中，他对径山茶宴的内涵有了更多的领悟。他发现，清规中多处提到"茶药""茶石"。

这里所说的"药",其实是指食物。等到大汤茶会正式开始那一天,绍明完全按照"赴茶汤"的要求亦步亦趋,为自己没出差错而很自得。但等到大汤茶会有序进行后,绍明感觉如同进入礼的殿堂,深感自己的孤陋寡闻。

整个大汤茶会包括了张茶榜、击茶鼓、恭请入堂、上香礼佛、煎汤点茶、行盏分茶、说偈吃茶、谢茶退堂等十多道仪式程序,整个过程以茶论佛、以茶弘法,体现了禅茶一体的精神。

每个程序都井然有序并独具美感,把佛家的亲和谐适、禅宗一贯的精神融会其中,真是禅茶文化的经典样式。尤其是宾主或师徒之间用"参话头"的形式问答交谈,机锋偈语,慧光灵现,让参与者受益匪浅。绍明听到兴头处,发出了一声感叹:"真是一门艺术啊!真是一场至高的视觉和精神享受!等我学成回国,一定要把这门艺术带回日本。"

时光荏苒,绍明在径山很快过去两年。两年中,虚堂禅师一直在观察绍明,他也被绍明的虚心好学所感动。一天,虚堂禅师把绍明叫到方丈室,对他说:"老衲年事已高,希望有聪慧之人能传我衣钵。你这几年精研佛理,老衲深为感佩。我正式收你为法嗣,望你能用心体悟,光大佛门。"绍明流泪下拜,正式成为虚堂禅师的传人。

咸淳三年(1267,日本文永四年)秋,绍明辞别虚堂回国,向禅师求取法语,以作纪念。虚堂禅师虽然年事已高,但还是努力作了一首偈语,给绍明送行。

偈语就取名为《送日本南浦知客》:"敲磕门庭细揣磨,路头尽处再经过。明明说与虚堂叟,东海儿孙日转

径山寺

多。"绍明把偈语细心收藏，再次拜别虚堂禅师，流泪返回故乡。

南浦绍明归国时，从径山寺带回一张泡茶时搁置茶道具的棚架和七部茶典。后来，这张棚架被他交给了京都天龙寺的梦窗疏石，用于点茶。同时，他还把径山茶宴的做法和精神传到日本。现在的日本茶道都深深保留着径山茶宴的精髓——"敬"。敬，即心灵要单纯、诚实。

过去在进入茶室前，象征着身份和地位的东西，如武士的宝剑、珠宝等，要放在茶室之外。进了茶室不能交头接耳，因为茶道要求保持"和谐、尊重、纯净、安宁"的环境。

径山寺是南宋崛起的临济宗的重要道场，曾被尊为"五山十刹"之首。径山茶宴在当时的影响力非常大，除了南浦绍明外，许多日本僧人都慕名而来。早在南宋端平二年（1235），日本和尚圆尔辨圆就到过径山寺，拜师无准大师，并在寺里住了六七年之久。

南宋淳祐二年（1242），圆尔回日本的时候，带回了径山茶树的种子和径山茶的传统制法。今天，日本静冈县出产的玉露茶品质十分优秀，日本茶业界普遍认为这种玉露茶就是圆尔带入中国茶树种子和制茶方法的功德。不仅如此，圆尔还从径山寺带回了《禅苑清规》一册，并以此为蓝本，制定了《东福寺清规》，其中就有仿效径山茶宴的东福寺茶礼，这可以说是径山茶宴的初传，也是日本茶道的雏形。

　　南浦绍明从径山寺回国后，主持崇福寺禅事33年，他把径山茶宴奉茶仪式传到日本，使日本茶道进一步完善。以此为基础，15世纪后期，村田珠光整理出一套完整的日本茶道点茶法，自此日本茶道日臻完美。

　　当今日本的艺术，几乎无一不受到日本茶道的影响。据俞清源的《径山史志》记载，到余杭径山寺来求法的日本僧人，有名字可考的就达26人。其中的著名僧人有圆尔辨圆、南浦绍明、一翁院豪、大休正念等等。这些僧人在径山寺里坐禅求理，对寺内饮茶之道也是耳濡目染。学成回国后，他们开山立派，传播茶道。

　　因此，径山寺不仅是日本佛教临济宗的祖传地，更是日本茶道的发源地。如今，越来越多的日本茶道中人慕名来到径山寺，一偿"寻根"的心愿。

七、径山寺，重建义不容辞

　　南宋淳祐二年（1242），径山又大火。圆尔知道后，劝说谢国明资助木板千片以助径山重建。无准致书以谢。淳祐五年（1245），无准师范再次募缘重建径山寺。

　　一个下午，日本博多港一片繁忙。忙碌了大半天的谢国明稍微松了口气。他打开账簿，盘算起船队的运营情况和商品的交易事项，以便为下一阶段的运营作个规划。这个谢国明可不是一般的商人，他祖籍临安府，常年从事与日本的贸易，是一个拥有私家船队，以博多为据点，被称为"博多纲首"的大富商。所谓"纲首"，又称纲使、纲司、都纲或船头，意为拥有船只或掌管贸易的首领，有点类似于现在的船王。

当谢国明正在自己的博多私宅里思绪翻滚时，他的日本妻子敲门进来说："圆尔大师正在客厅等候，想同你谈件大事。"谢国明道："奉茶！我马上过去。"

对圆尔的来访，谢国明非常重视。他们两人的交情可以说由来已久，饱经考验。日本镰仓幕府统治初期，日本宗教主要是被天台宗、真言宗掌控。禅宗的分支临济宗、曹洞宗当时虽然已经传入日本，却屡受排挤。圆尔辨圆信奉临济宗，他决心冲破阻力，前往南宋寻求禅宗正法。天台宗、真言宗的僧人闻讯后组织僧兵追杀圆尔，形势非常严峻。

谢国明冒着危险，把圆尔藏到自己家中。鉴于谢国明在博多的影响力，僧兵们也不敢冒犯。圆尔化险为夷，并因祸得福。他先在谢国明家中学习汉语，掌握了基本的语言交流能力。后在谢国明的资助下，于南宋端平二年（1235）乘船前往南宋有"五山十刹"之首之称的径山寺，师从仰慕已久的中国禅宗巨匠——无准师范禅师。

圆尔辨圆禅师学成归日后，在博多开山。本就信佛的谢国明更是慷慨解囊，资助圆尔辨圆建立了承天寺。这间寺院如今仍伫立在博多大地上，记录着当年日本与宋朝往来的兴盛。谢国明、圆尔辨圆、无准师范三人之间也因此结下了深厚的友谊。

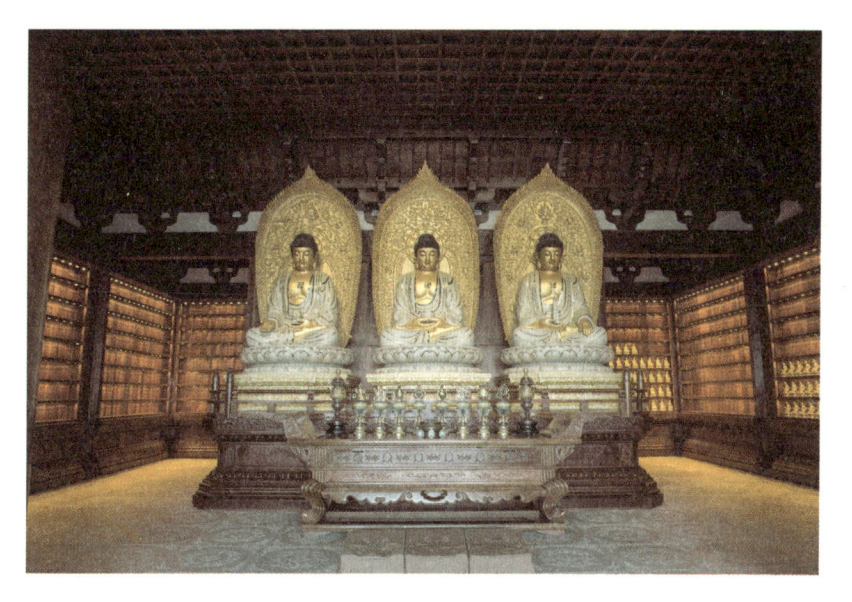

径山寺佛像

第四章 成"行在",蓬蓬勃勃谱华章

　　两人见面后,圆尔开门见山地说:"施主的资助之恩,老衲始终铭感于心。但今天来却又是要劳烦施主的。"谢国明道:"大师不要客气,你我相交,非一般俗人可比!有事请直接吩咐。"

　　圆尔心情沉重地说:"前天老衲接到吾师之信笺,就在施主帮老衲营建承天寺之时,径山发生大火,径山寺院受损严重。吾师连年募化,想重建寺观,但由于年老体衰,力不从心,径山寺重建遥遥无期。老衲听闻,百感交集。只好求见施主,恳请施主伸出援手,完此功德,以光大佛门。阿弥陀佛。"

　　谢国明一听,一下从椅子上站起来,激动地说:"临安是我的故乡,径山佛缘之盛,我也多有所闻。救此一难,胜造七级浮屠啊!径山寺重建,在下义不容辞!"

　　他立马叫来管事,问道:"我们现在手中还存有多少木材？"管事回答，估计还有千余张。谢国明道："马上组织船队，把这千余张木板都发往余杭径山寺，以助径山寺修复大殿。"

圆尔见不虚此行，非常感动，两人相别而去。后来，在圆尔和无准师范的书信中，多次谈及谢国明。径山寺也一再向这位远在日本行商的同胞表示谢意。

作为一个旅日多年的商人，谢国明的贡献还不止于此。他由博多输入日本的剪刀（唐铗）被称为日本最古老的剪刀。据说，针灸也是他传到日本的。

我们现在对谢国明可能知之甚少，但他在日本历史上却有着举足轻重的地位。每逢年关，饥荒和疫病是博多贫穷民众难以逾越的两道坎。乐善好施的谢国明常为穷人提供荞麦面、包子（日本称之为馒头，里面有馅）等食物，据说这就是日本人过年要吃荞麦面这一习俗的由来。因此，博多百姓对谢国明非常敬仰。

谢国明去世后被安葬在承天寺境内，墓旁边种有一棵楠树。随着年久日深，这棵楠木竟然将谢国明的墓完全包了起来，因此当地人又将谢国明尊称为"大楠様（様，指大人）"。

为了纪念对博多百姓恩泽深厚的谢国明，承天寺在每年八月二十一日都会举办"谢国明遗德显彰慰灵千灯明祭"，简称"千灯明祭"。这一祭典已经传承七百多年，是博多最古老的祭典。

参考文献

1.〔清〕嵇曾筠、〔清〕李卫等修，〔清〕沈翼机、〔清〕傅王露等纂：《浙江通志》，上海古籍出版社，1991年。

2.〔清〕徐松辑录：《宋会要辑稿》，中华书局，1957年。

3.〔元〕脱脱等撰：《宋史·职官制七》，中华书局，1985年。

4.〔宋〕朱彧：《萍洲可谈》，《宋元笔记小说大观》，上海古籍出版社，2007年。

5.〔宋〕周去非：《岭外代答校注·安南国》，杨武泉校注，中华书局，1999年。

6.〔宋〕吴自牧：《梦粱录》，浙江人民出版社，1984年。

7.〔宋〕董嗣杲、〔明〕陈赞：《西湖百咏》，杭州出版社，2017年。

8.〔明〕田汝成：《西湖游览志余·委巷丛谈》，刘雄、尹晓宁点校，上海古籍出版社，2018年。

9. 蔡维忠：《尺八之诺》，《当代》2019年第2期。

10.〔后晋〕刘昫等：《旧唐书·吕才传》，中华书局，1975年。

11. 周磊：《鱼山梵呗：一个人的传承日》，《中国民族报》2020年5月19日，第8版。

12. 方立天：《中国佛教与传统文化》，中国人民大学出版社，2010年。

13.［日］山冈俊明编，［日］井上赖、［日］近藤瓶城校订：《类聚名物考》，近藤活版所，1905年。

14.〔明〕李蓘：《玉岑山慧因高丽华严教寺志》，《武林掌故丛编》，清光绪七年（1881）竹书堂刊本。

第五章

赞天城，神神秘秘引外客

临安作为南宋王朝临时国都的辉煌，随着元至元十三年（1276）元兵进入临安城而黯然失色。元至元十五年（1278），元朝改临安府为杭州路，杭州脱去"龙袍"，回归了州治的本色。虽然，后面的几年时有起伏，或降为路，或成为行省省治，但"行在"的影响和"直把杭州作汴州"的渲染，还是牢牢地吸引着来自世界各地的游人的眼光。

如果说，两宋谱写了杭州对外交往的华章，我们也可以说，元朝延续了杭州对外交往的辉煌。正像元代浙江义乌人黄溍所说："江浙省治钱唐，实宋之故都，所统列郡民物殷盛，国家经费之所从出。而又外控岛夷，最为巨镇。"当时的杭州，一点都没有失去它对外交流的魅力。

元朝时候的杭州是外商、使臣和商品的集聚中心，是声名远扬的国际大都市。如果说，两宋以前杭州主要通过使节往来、海外贸易交往这些方式对外交流，那么到了元代，已经有许多国外的友人踏足杭州。他们不为获利，也没有俗务羁绊，只为了解杭州、感受杭州，真正把杭州作为他们旅游交往的胜地。

可以说，杭州真正为世界所瞩目，成为西方人向往的旅游城市，就是从元朝开始的。元朝和前朝相比，与西域和西欧诸国的交往明显增多。《元史》中曾经记载，仅在元武宗至大二年（1309），杭州驿站半年就接待往来使客 1200 余人。《经世大典·站赤》记载，元仁宗延祐元年（1314）夏历闰三月，杭州驿站接待的使臣达到 53 批之多。这其中，便有我们所熟知的马可·波罗、伊本·白图泰等。

世界各地的商人、旅行家纷至沓来，被公认的中世纪西方四大旅行家均在这个时候来杭游历，并留下了许多动人的篇章，进一步扩大了杭州的国际影响。

一、多么繁华的"小杭州"——杭州外港澉浦港印象

> 澉浦在海盐之西，宋元时通蕃舶之处。（〔明〕王樵《槜李记》）

> 海盐距此有二十五里，在一名澉浦城之附近。其地有船舶甚多，运载种种商货往来印度及其他国，因是此城愈增价值。（〔意〕马可·波罗《马可波罗行纪》）

澉浦港不是在海盐吗？海盐不是属于今天的嘉兴市吗？我们讲杭州的对外交流为什么要讲澉浦港呢？读者诸君看到这个标题，估计已经在心里犯嘀咕了。如果大家了解了这一段历史，估计就能去除心中的困惑。

早在北宋初期，朝廷就在广州、泉州、杭州、明州、温州、秀州、江阴、密州八处设置市舶司或市舶务，获利甚丰。当时的澉浦港虽然海外贸易已经较为繁盛，但毕竟是一个县级小港，影响力尚不大，所以，朝廷未在

此设置市舶机构。

南宋中期后，金兵不断南下，威胁临安的安全。为了确保临安的万无一失，南宋政权采取了禁止一切商船进入临安的消极措施，并宣布罢废杭州市舶司。但行在临安的神秘与繁华，吸引着无数的海外商贾与友人，海外各国的商船仍源源不断地来到杭州湾进行贸易。

面对这种两难的形势，南宋政府想到了一个自认为两全其美的办法：找一个既离临安近，设港条件又好的地方，建立市舶场，既可以减轻临安的安全压力，又方便临安的对外交往。距临安城只有85公里且具有一定对外贸易积淀的澉浦港就这样成了杭州的外港，成为杭州对外贸易交流的前沿。

南宋中期以后，澉浦港与亚洲的广大地区及非洲的许多国家和地区均有贸易往来，这些国家主要包括日本、高丽、大食、阇婆、三佛齐等。"诸番国之富盛多宝货者，如大食国、其次阇婆国、其次三佛齐国……"

到了元朝后，每年的六至十月是澉浦港海外贸易最繁盛的季节，钱塘江澉浦段的帆船林立，海舶首尾相继，一眼望不到头。码头上人头攒动，各国商人云集，往来互市，各从所欲。来自各国的商品摆放有序，琳琅满目，繁盛的澉浦港因此获得了"小杭州"的美称。

元灭南宋后，元世祖下令在泉州、庆元、上海、澉浦四地设市舶司。澉浦港从南宋时期设立市舶场的临安外港一跃成为中央政府设立市舶司的全国四大贸易港口之一。元世祖忽必烈还继续执行宋以来招徕外商来华贸易的政策。

"诸番国列居东南岛寨者，皆有慕义之心，可因蕃舶诸人宣布朕意，诚能来朝，朕将宠礼之。"澉浦港愈加繁荣，往来此地的国家和地区越来越多，尤其这里是对印度交往的主要通道。

意大利人马可·波罗在其游记中写道："这里是一个优良的港湾，所以从印度来的货船，经常都在这里停泊。"很明显，澉浦港是元朝时杭州对外交往繁盛的有力见证。杭州商人到海外进行贸易，绝大多数都是从澉浦或取道澉浦而出航的。

澉浦港的繁盛，离不开杨家四代人的努力。澉浦港及杨氏家族在元时，名闻京、浙及海外，在日本史料和马可·波罗的游记中都有记载。让我们先来看看第三代杨枢的故事，领略一下杭州外港澉浦港的风采和澉浦杨家的航海精神。

元大德五年（1301），一个满脸稚气却颇显精干的年轻人伫立船头，身体随着海浪的翻涌而上下起伏。他就是当时只有19岁，却已被委任为官本船代理人的杨枢。年纪轻轻却被委以重任，站立船头的杨枢既感自豪，又感到身上的担子颇重。

作为一个航海世家的第三代，他深知自己肩上的责任。他想起自己的爷爷杨发，世祖（忽必烈）时期就被任命为浙东西市舶总司事。杨发工作勤勉，每年都赴海外去招舶商，短短四年就把澉浦变成了东南亚重要的商品集散地。从此，杨家在澉浦站稳脚跟。

自己的父亲杨梓因"澉浦杨家等有舟，且深知漕事"，被封为海道运粮都漕万户，得到了更多的海上远行和贸易机会。他不仅在澉浦建立市场、街道、店房，供商人居住卖货用，还用日本铜铸造了 2740 公斤重的大钟，挂在禅悦寺的大楼上，敲钟为开市信号，使澉浦港对外交流越来越井然有序。

更值得一提的是，元世祖至元三十年（1293），元兵南征爪哇（今属印度尼西亚），因为杨梓熟悉海路和东南亚风情，被任命为宣慰司官，跟随大臣伊克穆苏，负责军事导航，前往诏谕。此行虽然艰难，却大获成功。胜利归来后，杨梓就以功受封为安抚总司，后又任杭州路总管。

如此显赫的航海家世让杨枢倍感压力，他深知自己的经验与阅历还不足以成为像父亲一样的一代航海家，但他觉得自己拥有和他们一样的勇气。他握紧拳头，给自己鼓气道："我一定要不辱父辈的声誉，要干出点名堂来。"

这次远行，是杨枢第一次带队出行，目的是远赴印度洋进行海外贸易。19 岁对现在许多人来说还是在教室里学习的年纪，而杨枢却已经率领船队远渡重洋了。

无边无际的大海上，很长一段时间里比漠北更荒凉寂寞。年轻的杨枢凭借着自己对海洋的了解与热爱，凭借着祖辈、父辈对自己的谆谆教诲，凭借着自己源自家族的经商才能，不仅率领船队平安远渡重洋，而且在沿途经商贸易，收获颇丰。

杨枢率领船队沿来途返航，一日，途经一个大港口，他从航海图上查到，这个港口就是波斯湾的忽鲁谟斯（霍尔木兹）港。杨枢看到港口上已经停着好几只大船，为了防止航船过于颠簸，他下令在保证安全的情况下就近停泊。

无巧不成书，当杨枢一行停好船，正打算下船去当地市场时，只见旁边的大船上下来一群人，朝他们走来，中间领首者衣着华丽、气度不凡，一看就是有身份之人。

经通事介绍，杨枢得知此人就是波斯合赞王派遣出使中国的使者那怀。那怀及其随从本来要起航去中国，看到杨枢他们的船就停在旁边，连忙过来拜访。

看到杨枢出来，那怀当场一愣，他不知道这支船队的当家这么年轻。但随着两人的交谈，那怀被杨枢的谈吐和阅历深深折服，真是"有志不在年高"啊，那怀感叹不已。他向杨枢提出了结伴同行的请求，杨枢也正想归国后向皇上汇报远洋的情况，就答应了。

休息了几天后，两支船队结伴而行。那怀经常到杨枢的船上拜访，了解中国的风土人情，杨枢倾囊相授。杨枢也偶尔去那怀船上回拜，两人越谈越投机，几天下来就成为忘年之交了。

路途虽然艰险，行程也颇费周折，但两人一路交流，也不觉疲惫。元成宗大德七年（1303），那怀等人平安到达中国。两人分手前那怀真诚地说："杨兄年纪虽轻，阅历却丰富，与你同行真乃三生有幸。不知我是否有这样的荣幸，能搭乘你的船回波斯。"

杨枢道："与大人同行，我也颇有所获。如能蒙圣上允准，我愿再陪大人一程。"两人拱手而别。

在大都觐见元成宗后，那怀真的向中书省左丞相哈喇哈孙答喇汗提出，乘杨枢的海船返回波斯，元朝答应了他的请求。为了表明对这件事情的重视，朝廷还专门加封杨枢为忠显校尉、海运副千户，并授予他佩带金符的荣誉，让他以官员的身份护送那怀一行回国。

元成宗大德八年（1304）初冬，杨枢护送那怀一行出发回程。这一路碧海茫茫，季风盛吹。风暴一再掩滞行程，船队历经艰险，直到大德十一年（1307）才抵达忽鲁谟斯港，完成使命。杨枢此次航海，餐风沐雨，在印度洋上漂泊多年后才得以返回，其勇气、其毅力，确为我们后人所称道和学习。

杨枢年仅十九岁便出海远航，在航行中以组织者和领导者的身份，与长风巨浪搏斗，曾到达波斯湾附近的忽鲁谟斯。

杨枢是中国著名的航海家，他率领船队下西洋的时间，比郑和早了一百多年，他不仅在元代航海事业中出类拔萃，而且在整个中国古代航海史上亦有一定地位。

杨家作为航海贸易世家，拥有自己的船队，历代从事海运事业，虽无郑和下西洋的浩浩荡荡之场面，却有孤船帆影驰骋印度洋之勇气，真可说是敢为天下先。

澉浦是海上交通与海外贸易的港口型市镇，得益于天然滨海的优越地理位置，海外贸易发展迅速，推动了商品经济的繁荣。澉浦港可以说是杭州对外交流发展的一个窗口，它的繁荣是杭州对外交流的一个缩影。

二、多么奇妙的"华贵天城"——马可·波罗的咏叹

城中有一大湖，周围广有三十里，沿湖有极美之宫殿，同壮丽之邸舍，并为城中贵人所有。亦有偶像教徒之庙宇甚多。湖之中央有二岛，各岛上有一壮丽宫室，形类帝宫。城中居民遇有大庆之事，

则在此官举行。（［意］马可·波罗《马可波罗行纪》）

对于马可·波罗，读者诸君肯定不陌生，我们也或多或少知道《马可波罗行纪》的历史影响。可以不夸张地说，正是这部著作中对东方富裕景象的描写，引发了西方新兴资产阶级狂热的寻金热。也正是这部著作对杭州的表述，引起了西方各界对本就感觉神秘的杭州的向往。

可以说，马可·波罗是第一个较为全面地向西方介绍杭州的外国人，正是他的这本书，使杭州在西方的影响力开始与日俱增。

有人怀疑马可·波罗根本就没来过杭州，他的许多表述都是道听途说，经不起推敲。但看了上述这则材料，我们真的应该怀疑前面的怀疑：一个没到过杭州的人，怎么可能写出如此真实的感受？怎么可能进行如此真实的描述？要知道，马可·波罗到杭州的时候，杭州西湖上真的只有两岛。西湖三岛之一的阮公墩，要到清朝嘉庆五年（1800），浙江巡抚阮元主持疏浚西湖时，才以疏浚所出的葑泥堆筑成了岛。也就是说，"三岛"漂浮于粼粼碧波之上是清代以后才会出现的景象，由此可见，他的描述多么真实。

难怪很多个世纪以后，意大利安莎社开玩笑说，马可·波罗是他们派驻中国的第一位记者。其言虽有夸张、戏谑之意，但自豪之情还是溢于言表。下面我们来看看马可·波罗对杭州的描述，读者诸君可以有自己的判断。

元成宗大德二年（1298），在热那亚的监狱里，只听到一个人讲话的声音，还有人时不时发出一阵阵"啧啧"的惊叹声。正被潮湿的天气和虱子折磨得百无聊赖

107

马可·波罗

的狱卒们相互看了一眼，不约而同地说："马可百万（意大利语，意为吹牛大王）又在吹牛了，我们一起去看看。"

他们来到牢房边时，看到了熟悉的一幕：一个瘦高的、满脸胡子的中年男人正在滔滔不绝地讲述着他的东方见闻，在地中海已经小有名气的作家鲁思梯谦正在奋笔疾书，想尽可能全面地把马可·波罗讲的话都记下来。围观的狱友时而惊叹，时而摇头。狱卒们也经常听马可·波罗的讲述，以打发无聊的时间，所以也不去打断，反而拿了椅子坐在边上津津有味地听了起来。

看到狱卒没有打断自己的意思，马可·波罗也席地而坐，摆出讲故事的架势。他说："我们离开长安后，在这广袤的国土上驱驰三天，穿越无数的城市和乡村，便到了这座最华贵的行在城市（杭州），像我之前言及的那样，她的名字用我们国家的语言来说就是'天堂之城'。既然我们已经到了这里，我们将细致入微地描述她的辉煌，这些都是值得讲述的，因为这是无可争议的世界上最美和最华贵的城市。"

有狱友不客气地打断了马可·波罗的讲述，说："'行在'是什么意思？你又吹牛了，怎么可能有天堂？那里难道比我们的威尼斯还要繁华？"

马可·波罗耐心地强调说："行在Quinsy，在法兰西语里就是天城的意思，我可是一点都没吹牛啊。威尼斯算什么？这是我所看到过的最美丽、华贵的城市。你们太孤陋寡闻了。"

正在埋头记录的鲁思梯谦抬起头来，同马可·波罗说："你们先不要争吵。你要让我们大家相信，就要讲得详细点。那个城市还有什么地方让你印象深刻？"

马可·波罗闭上眼睛想了想，又睁开眼继续说："此城周围有百里，道路河渠颇宽展，此外有衢，列市其中。赴市之人甚众……人谓城中有大小桥梁一万两千座，然建于大渠而正对大道之桥拱甚高，船舶航行其下，可以不必下桅，而车马仍可经行桥上，盖其坡度适宜也。"

听到这里，鲁思梯谦边记边自言自语地说："这样说来，这个城市倒是同威尼斯城很像啊！"

马可·波罗看到鲁思梯谦赞同自己的说法，更起劲了，他接着说道："城之位置，一面有一甘水湖，水极澄清，一面有一甚大河流。河流之水流入不少河渠，河渠大小不一，流经城内诸坊，排除一切污秽，然后注入湖中，其水然后流向海洋，由是空气甚洁。赖此河渠与夫街道，行人可以通行城中各地，街渠宽广，车船甚易往来，运载居民必需之食粮。"

听到马可·波罗如数家珍般地娓娓道来，其他狱友都不作声了。听到感兴趣的地方，大家都不约而同地制止想发问的狱友，让他们不要打断马可·波罗的思路。

马可·波罗喝了口水，继续说："行在一切道路皆铺砖石，蛮子州中一切道途皆然。任赴何地，泥土不致沾足。惟大汗之邮使不能驰于铺石道上，只能在其旁土道上奔驰。上言通行全城之大道，两旁铺有砖石，各宽十步，中道则铺细砂，下有阴沟宣泄雨水，流于诸渠中，所以中道永远干燥……"

一个坐在椅子上听讲的狱卒越听越有味，他感叹地对马可·波罗说道："马可百万，听了你讲这么多天的故事，只有今天讲得最为精彩，最有价值。听你讲得这么津津有味，我都想去一趟那个神秘的、类似'天方夜谭'的行在了。"

一个下午就这样在马可·波罗的讲述中过去了，这样的日子，在监狱中已经成为常态。

马可·波罗被称为中世纪四大旅行家之一，他的人生阅历之丰富，让人很难望其项背。公元1271年，马可·波罗跟随父亲和叔叔来到中国,在中国游历、做官达 17 年,深得元世祖忽必烈的信任。一个漂泊异乡的商人,能得到皇帝的信任并做上枢密副使(他自己所言)的高官,想必有独特之处。正因为皇帝的信任,他曾奉命巡视地方,因此足迹遍及大半个中国。

公元 1295 年,马可·波罗回到意大利。他的家乡威尼斯与热那亚发生战争,具有冒险基因的马可·波罗从军出战。

不承想,这一决定改变了马可·波罗的一生。他在一次海战中被俘,被关进暗无天日的监狱。为了消磨苦涩、漫长的狱中岁月,马可·波罗口述了大量有关中国的故事,其狱友鲁斯梯谦作为颇通义墨的作家执笔记录并润色,著名的《马可波罗行纪》因此诞生。

这部书记述了马可·波罗在东方最富有的国家——中国的见闻,激起了欧洲人对东方的热烈向往,对以后新航路的开辟产生了巨大的影响。同时,这部书也是研究我国元朝历史和地理的重要史籍。

作为一部商人的口述著作,《马可波罗行纪》中不可避免地带有想象、夸张的成分,也不可避免地出现一些难以自圆其说的漏洞,但我们决不能因此而否定他对杭州的赞美与描述。

马可·波罗可能自己也想不到,他描述的这座以西湖为中心,汇聚了全国奇珍异宝,代表当时世界上最高级的生活水准和最先进的城市文明的城市,从此成为西方人梦寐以求的到访圣地。在这部书的影响下,旅行家们纷至沓来,杭州已经越来越与世界融为一体。

三、"整卷纸都写不下我所知的事"——鄂多立克的赞美

> 但若有人想要谈谈该城的宏大和奇迹,那整卷纸都写不下我所知的事。因为它是世上所有最大和最高贵的城市,并且是最好的通商地。([意]鄂多立克《鄂多立克东游录》)

这是意大利人、罗马天主教方济各会修士鄂多立克对杭州城的赞美,这一声赞美绝不亚于马可·波罗对杭州"最美丽华贵的天城"的评价。

如果说,马可·波罗的游记中夸张的成分较多,降低了它的可信度,那么鄂多立克口述的东游经历就更为真实,也更有说服力。

元泰定三年(1326)初秋,西风拂过杭州街头,让人感觉到阵阵凉意,路上的行人都不禁裹紧了自己的衣服。只见一位西僧,打着赤脚,穿着一件单薄的褐衣,背着一个简单的行囊,独自走在西湖边上。

初秋的寒冷仿佛激起了他观察西湖的热情,人们发现他已经绕着西湖走了整整一圈。他就是在马可·波罗之后又一个来到杭州旅行的意大利人——鄂多立克。

鄂多立克是继马可·波罗之后来到中国的著名旅行者。他是一个立志苦修的托钵僧,一生打赤脚、穿褐衣,靠吃面包、喝白开水度日。他1318年从威尼斯起航开始东游之旅,行程遍及君士坦丁堡、大不里士、巴格达等地,在中国更是游历了广州、泉州、杭州以及金陵(今南京)、大都(今北京)等著名城市。用见多识广来形容鄂多立克绝对不是夸张,他对中国的许多城市都赞赏有加,但唯有杭州,让他觉得纸短情长,无法尽述。

鄂多立克

第五章 赞天城，神神秘秘引外客

杭州的繁华和西湖的秀美，让鄂多立克流连忘返。我们还是从他的《鄂多立克东游录》中撷取几段文字来感受一下他的心情吧："从那里出发，我来到杭州城，这个名字义为'天堂之城'。它是全世界最大的城市，（确实大到我简直不敢谈它，若不是我在威尼斯遇见很多曾到过那里的人）。它四周足有百英里，其中无寸地不住满人。那里有很多客栈，每栈内设十或十二间房屋。也有大郊区，其人口甚至比该城本身的还多。城开十二座大门，而从每座门，城镇都伸延八英里左右远，每个都较威尼斯或帕都亚为大……此城位于静水的礁石上，像威尼斯一样（有运河）。它一万二千多座桥，每桥都驻有卫士，替大汗防守该城。城旁流过一条河，城在河旁就像波河（Po）畔费腊腊（Ferrara）之建设，因为它的长度胜过它的宽度。"

估计受过《马可波罗行纪》的影响，鄂多立克也把杭州称为"天堂之城"，也像马可·波罗一样赞叹杭州

113

城市的规模，尤其是桥的数量几乎一模一样。鄂多立克还在游记中表达了他对杭州城市管理水平的钦佩：多个民族同居于这个大城市中。

游过西湖，步行绕杭州城一周后，鄂多立克对杭州城有了较为深刻的印象。他觉得杭州就是一个世俗的天堂。城市与拱桥，船只与大路，宫殿与园林，节日的宴席以及丰富的酒品，种种的繁华与高贵，让他恒久难忘。

后来，他把这段心情在《鄂多立克东游录》中描绘出来，这段描述唤醒了中世纪欧洲人的世俗热情。我们或许可以这样说，欧洲的文艺复兴不仅有古希腊、罗马精神根植其中，还有来自中国的外在诱惑。

鄂多立克一路游玩，一路寻找，终于找到了罗马天主教方济各会在杭州的会所。当他找到会所之后，四个和他一样的方济各会修士如同见到久别重逢的老友，非常高兴。

嘘寒问暖之后，四个修士向鄂多立克引荐了当地的一个当权者，那个当权者估计是蒙古人，也皈依了天主教。他们一见如故，共同的信仰让他们迅速成为好朋友。那个当权者对鄂多立克一口一个"阿塔"（即突厥语父亲之意），让鄂多立克非常受用。

第二天，当权者带他们去一个大寺院，他们"登上一只船，到该地百姓的一座大寺庙去"。这座寺庙，研究者普遍认为就是杭州灵隐寺。当他们来到寺院门口的一小块空地上时（估计就是灵隐寺的飞来峰和呼猿洞前面的空地），鄂多立克看到一幕奇怪的景象：有个人拎着一只桶，来到了一座小山前，拿出一面锣，哐哐敲了几声。只见漫山跑下来许多猿、猴和其他面孔似人的动物，按秩序围着他站好位置。他把桶放在这些动物面前。等动物们个个吃饱了，他一敲锣，动物们就安静地回到山林。

看到这一幕，鄂多立克非常不解，他走到敲锣人面前，问他："你为什么要喂这些动物？它们为什么这么听话？"

敲锣人解释道："这些动物是贵人的灵魂，我喂它们是为了敬神。"

鄂多立克的心灵深受震撼，他看到这个敲锣人大智若愚的样子，连忙向他请教。两人好好地探讨了一番灵魂的归属问题，半天时间倏忽而过。

鄂多立克还深入细致地考察了杭州居民的饮食结构："那里（杭州）始终有大量的面食和猪肉，米和酒，酒又称为米酿，享有盛名；那儿确实有大量其他种种食物。"这种细致入微的观察与翔实的叙述，让杭州在西方人的心目中越来越有吸引力。

他晚年口述的《鄂多立克东游录》在欧洲流传甚广。在这本游记中，鄂多立克第一次向欧洲人介绍了用鸬鹚在钱塘江中捕鱼的方法，中国南方男子把指甲养得奇长以显示自己优越身份的习俗以及中国女子的缠足，等等。

为了表彰他对文化交流作出的巨大贡献，1881年，国际地理学会在威尼斯为鄂多立克塑造了一尊铜像，表达对他的敬仰之情。

四、"还以为讲述者是在说谎"——马黎诺里的低吟

其中有名的一个地方叫行在(杭州的别名),这是最好、最大、最富饶、人口最多,总之是最绝妙的一个城市;这是世界上最富有的城市,游玩、娱乐活动都别具一格,有非常壮丽的建筑(尤其是崇拜偶像的寺庙,加起来的话,里面有一千甚至两千僧侣),比其他任何一个城市都令人稀奇。([意]马黎诺里《马黎诺里游记》)

上文连续用了六个"最"字来形容杭州,很明显,作者的心已经被杭州的繁华深深打动了。用我们现在的话来说,已经被杭州的美、杭州的富"萌化"了。这个被打动内心的人究竟是谁呢?他又有怎样的杭州经历呢?

元顺帝至元二年(1336)年底,一支几十人的团队从法国南部的阿维尼翁(罗马教皇于1308年迁驻于此地)启程,浩浩荡荡前往古老的中国。这支团队就是教皇本笃十二世派出的回访使节,共三十二人,随行的还有完成到访任务后一起回程的十二位元朝使者。

领头的一位修士身披教袍,面色凝重,他就是意大利佛罗伦萨人马黎诺里。他也是基督教方济各会的修士,是应元顺帝之请,由教皇派出的最后一位出使中国的使节。

马黎诺里一行一路艰难跋涉,前往元朝大都,谒见元顺帝,进呈国书及教皇复信,并献骏马一匹。当元顺帝看到马黎诺里使团所献的骏马时,非常高兴,也非常激动。

他看到这匹马"马长一丈一尺三寸，高六尺四寸，昂高八尺三寸，色漆黑，仅两后蹄纯白，曲项昂首，神俊超逸，被誉为'天马'"，不由得高兴地问身边的史官："汉武帝时西域进献天马，神骏应该也不过如此吧！"

为了夸耀自己的功绩，元顺帝命朝廷中的画工、文人作《天马图》《天马颂》《天马赋》等，这些史书里都有记载，"拂朗国进天马"成为当时轰动一时的大事。

1346 年，马黎诺里使团一行已经在中国待了四年，使团中的很多人患上了思乡症，马黎诺里也有同样的想法。趁元顺帝宴请他们的时候，马黎诺里代表大家提出了返乡的愿望，没承想元顺帝一口答应了。为了感谢他们，元顺帝不仅设宴欢送，还赏赐了很多物品，以及三年的费用和两百匹良马。

马黎诺里一行满怀回乡的喜悦，从北京南下，打算从泉州乘船返回。一天，他们沿路经过了一个城市，马黎诺里称之为"Campsay"，这个城市的繁华，让马黎诺里目瞪口呆："蛮子国疆土甚广，统辖城邑郡国无数。若与未亲见者言之，必皆摇首不信。物产丰富，所产水果，有为拉丁诸国所未知……面积最大，市街华丽，人民殷富，穷奢豪侈。建筑物雄壮伟大，尤以佛寺为最。有可容僧侣一千以至二千者，实为今代地面上未有之大城，即古代恐亦罕有其匹。"

随行诸人一边品尝鲜美的水果，一边口中"啧啧"不已。身旁的一个修士对马黎诺里说："我们也走过了不少城市，但像 Campsay 这样繁华的城市真是少见啊！"马黎诺里点点头，估计这个时候，他的心中已经在盘算到底可以用几个"最"字才能表达这个城市的繁华程度了。

"真是了不起的杰作啊！"马黎诺里在心里感叹不已。这个让马黎诺里感叹不已、让使团诸人流连忘返的城市就是杭州。

使团在这个城市停留了两天，这两天的观感勾起了马黎诺里的回忆：一些作者断言，这个城里有一万座石桥，上面刺有各种全副武装的王子们的雕像。对于那些没有到过行在的人来说，这些作者的话似乎令人难以置信，但他们所言非虚……这是世界上最伟大、最高贵的地区，拥有无与伦比的美景、快乐和面积。

这个时候他可能想起了《马可波罗行纪》中描绘的内容。以前，他总觉得马可·波罗的描述有哗众取宠的成分，一万多座石桥，这是不可想象的。而当他踏足这个城市时，他发现马可·波罗没有说谎，甚至还没有把他心里想说的话表达出来。

他情不自禁地也用了"一万多"这个数字——在他的心中，一万多座是多的代名词。他肯定没有一座座去数杭州的桥，但形态各异、功能不一的桥已经装点了杭州，更装点了马黎诺里对杭州的好感。于是，他用上了"最伟大、最高贵"的字眼。从其游记的字里行间，我们真的能感觉到，文字已经不能表达马黎诺里对杭州的赞美了。

东方宗教规模的庞大也令马黎诺里叹为观止，他提到了杭州恢宏的庙宇以及庞大的宗教群体，这从一个侧面反映了当时杭州的安定、平和与富足。

回国后的马黎诺里应诏主持编修波西米亚编年史，在书中插入了自己的东使游记，后人称为《马黎诺里游记》。他与马可·波罗、鄂多立克一样都谱写出了杭州对外交往史上的辉煌乐章。

五、这真是一座"天堂之城"——伊本·白图泰的歌唱

> 该城（杭州）是我在中国地域所见到的最大的城市。全城长达三日程，在该城旅行需要就餐投宿。
> （[摩洛哥]伊本·白图泰《伊本·白图泰游记》）

摩洛哥人伊本·白图泰（1304—1377），在他的身上载有许多的光环，他在世界旅行史上绝对是个奇迹。

伊本·白图泰20多岁就离开家乡丹吉尔，在外旅行长达30年，足迹遍及亚非欧。由于他一直奉行一个旅行原则——不走回头路，因此，创造了古代无人能及的远程旅行记录，总行程达10多万公里。面对这一纪录，其他三大旅行家都要稍逊风骚。

元顺帝至正六年（1346），一艘庞大的海船缓缓靠近泉州港。看到船只靠岸，一些等候已久的地方官员迎上前去，奉上了丰盛的茶果、酒食。船上下来一队人，领头之人身材高大，满脸憔悴。

原来，这就是作为苏丹使臣访问元朝的伊本·白图泰使团。他们携带了大量的礼品，于1342年就从德里出发。没想到途中遭遇风暴，一路辗转，途中甚至返回印度，直到1346年才到达泉州，旅途之艰辛，可想而知。当地官员给予了他们盛情的款待。

完成了出使使命后，伊本·白图泰致力于考察中国的风土民情。一天，在一些政府官员的陪同下，伊本·白图泰南下路过杭州。当他步入这个城市的时候，阅历无数的他还是被震撼了。这是他"在中国地域所见到的最

大城市",该城"每人有自己的花园,有自己的住宅","港湾内船艇相接,帆樯蔽天,彩色风帆与绸伞,相映生辉。雕舫画艇,十分精致"。

看到这样的表述,读者诸君是否眼前会浮现出这样的一幅画面:花园般的城市、开放性的港口、闲适的生活。在中世纪,这是多么让人向往的生活啊!

作为使节,他理所当然地受到了官方的宴请。这次宴会也让伊本·白图泰印象深刻。当地"总长官郭尔塔","为此请来了穆斯林厨师,按伊斯兰教法宰牲治席",还让人用汉语、阿拉伯语、波斯语演唱助兴。伊本·白图泰进一步了解到"中国每一城市都设有谢赫·伊斯兰,总管穆斯林事务"。

在杭州,穆斯林"住此城内,城市美丽,街市布局如伊斯兰地区一样。内有清真寺和宣礼员。进城时正当为响礼宣礼时,声闻远近"。伊本·白图泰在书中还记载杭州有位名叫赛洛夫·爱丁的商人,"能默诵《可兰

运河之恋

圣经》，每日必祈祷"。听闻这些熟悉的声音，伊本·白图泰仿佛回到了故乡。

伊本·白图泰的杭州之行时间不长，但所见所闻让他印象颇深。他说，杭州全城分成六个城区，第四个城区仅供官员及其奴仆所居，这也是六个城区中最美的城区。有三条河流从这里穿过，其中一条则是与大江相通的运河。各种食品、作为燃料的石炭都是装在小船上，然后经过这条运河运入，运河中还有游船……当地官员邀请他去运河游玩，这让他对运河如数家珍。有一天，官员还让他的儿子陪我到运河去游玩。运河里如梭的画舫、鲜艳的风帆、游客的绸伞，交相辉映。当游船相遇时，人们互投水果为乐。他们坐在游船上，随行的歌手、乐师用中文、阿拉伯文和波斯文吟唱歌曲……

多么美好的对外交流画面，多么和谐的不同文化共处的场面。杭州对外交往盛况就在伊本·白图泰的笔下缓缓流淌。

在杭州，怎能不了解杭州的特产？伊本·白图泰发现中国的金银器皿、竹器、漆器制作极为精巧，而丝绸和瓷器更堪称一绝。当然，值得记忆的事情还有不少。他看到有很多制造场，规模很大，每一名师傅都带有三四名徒工。正是在杭州，伊本·白图泰看到了"爬神仙索登天"、将人"大卸八块"后再让人"复活"的神奇戏法，顿时"大惊失色，心跳不止"。你看看，阅历丰富的伊本·白图泰都被吓成这副样子，这个戏法该有多么逼真啊！

伊本·白图泰的旅行笔录后来被整理成《伊本·白图泰游记》，该书以翔实的资料、优美的语言、精练的表述，为后人所关注，成为中世纪地理、历史、民族、宗教、民俗等方面价值极高的著作。

在阿拉伯世界，白图泰获得了崇高的声名，摩洛哥人将其作为英雄加以纪念。近代天文学家以其名字命名了月球上的一座环形山。

参考文献

1. 本书编委会编：《杭州简史》，杭州出版社，2016年。
2. 〔明〕王樵：《檇李记》，《盐邑志林》十八，景明刻本，上海涵芬楼影印明刻本。
3. [意]马可·波罗著，沙海昂注，冯承钧译：《马可波罗行纪》，上海书店出版社，2006年。
4. 〔明〕宋濂等：《元史·世祖纪》，中华书局，2016年。
5. [意]鄂多立克：《鄂多立克东游录》，何高济译，中华书局，2019年。
6. [英]阿·克·穆尔：《一五五〇年前的中国基督教史》，郝镇华译，中华书局，1984年。
7. 〔明〕宋濂等：《元史·顺帝纪》，中华书局，2016年。
8. [摩洛哥]伊本·白图泰：《伊本·白图泰游记》，马金鹏译，宁夏人民出版社，2000年。

第六章

看世界，西学东渐找差距

宋元时期"东学西渐"——东方神秘的文化和繁盛的景象，牢牢地吸引着西方的目光，执着的传教士、逐利的商人、敬业的使臣都把目光投向了这块古老的大地。有"天堂"之称的杭州，理所当然地成为他们拜访的圣地、驻留的天堂。

最初架起杭州与西方沟通桥梁的是欧洲人，马可·波罗等人的描述，单方面勾勒出了杭州的形象，难免会出现因文化隔阂而产生的曲解。但应该肯定的是，由于他们的介绍，杭州越来越被西方所关注、所认识。

到了明清时期，中国封建社会开始走向没落。在这一时期之初，开放的领域和规模一度空前扩大，如郑和下西洋的壮举千古难寻；但后来政策愈加保守，到了清朝，"闭关锁国"的外交政策，极端专制的封建统治，使中国一直领先世界的文化发展开始停滞。西方人文主义思潮和科学的思想开始逐渐形成并影响中国，出现了"西学东渐"的局面。

在这股"西学东渐"的浪潮中，一直作为中西方文化交流重地的杭州也没有落伍，它向来自西方的文化交流者们再次展示出了自己文化昌盛、大气包容的一面，杭州再次站在"西学东渐"的时代浪潮之上。

严格意义上说，交流应该是相互的。宋元时期的交流明显具有单方面的色彩，西方人向西方介绍了中国、介绍了杭州。鉴于时代的局限，中国很少主动去了解西方、向国人介绍西方，杭州当然也是如此。

到了明清时期，西方文化大规模输入中国，利玛窦、金尼阁、卫匡国等联袂而至，谱写了交流的新篇章。在"西学东渐"浪潮的冲击之下，一些开放的知识分子改变了"唯我独尊"的心态，不管是主动地还是被动地，他们开始接受西方文化的影响，把视野投向了世界，把内心靠近了现代科学。

正是在这样的转变中，他们认识到世界有多大，科学有多神秘。杭州人李之藻、杨廷筠等就是这一大批与欧洲传教士面对面交流的士人学者中的佼佼者，他们让杭州的对外交往有声有色。

一、利玛窦："中国人对世界一无所知"

> 他们的国家版图很大，边界辽远，而且他们对海外世界的全无了解却如此彻底，以致中国人认为整个世界都包括在他们的国家之内。（[意]利玛窦《利玛窦中国札记》）

看到利玛窦对中国的这段评价，估计读者都会感到纳闷和遗憾：真有这么愚昧？真的认为中国就是世界？实际上我们还真的应该相信，作为一个长期在中国生活的欧洲耶稣会士，利玛窦描述的就是当时很多人真实的想法——中国就是世界，世界就是中国。

利玛窦

　　1601年,已经在中国传教十多年的利玛窦一行历经千辛万苦来到北京。对于这次北京之行,利玛窦充满期待。他深知,只有得到皇帝的恩准,才能在中国有效地传教,完成自己的心愿。因此,他此行的目的就在于能得到皇帝的允许在北京住下,并获得自由传播福音的权利。

　　为了实现这一目的,利玛窦认真撰写了一份奏折。在奏折中,利玛窦写道:他是一个外国人,为中国的声名礼教所吸引,旅途上花了几年的时间,来到这个中央帝国。他在肇庆、韶州、南昌、南京住了十多年,学习中文。他既无妻室儿女,也别无他求,只是一心信仰自己的宗教。他对天文、地理、数学计算颇有研究,如能有机会为皇帝服务,他将荣幸之至。

这份奏折以情感人，我们看了都会觉得动容，万历皇帝看了也被打动。虽然出于皇帝的自尊，他没有亲自接见利玛窦，但他又对写出这么一份真情实意奏折的西洋人非常好奇，据说还专门叫画工画了利玛窦的像，看看这个人到底长什么样。

当然，除了奏折外，利玛窦给皇帝的礼物更让皇帝动心。他给皇帝挑选了天主图像一幅、天主母图像两幅，以及其他一些贡品。从来没见过西洋画透视法的皇帝被深深地吸引，看得久了，他觉得画中的人物仿佛都动了起来，据说还发出了"真是活神仙"的惊呼。

利玛窦还送了两座能报时的自鸣钟，这种精准的计时仪器，给只知道铜壶滴漏计时的皇帝带来了极大的心理与视觉冲击。功夫不负有心人，万历皇帝马上就赐予利玛窦住处、俸禄和礼物，对他十分关照，利玛窦就这样实现了在北京居住的目的。

皇帝的态度使得一些显赫人物和朝中高官对利玛窦十分敬重，利玛窦也认识了徐光启等朝中大臣，并与之结下了深厚的友谊。这个徐光启可不简单，许多读者在中学教材里就对他非常熟悉，他是《农政全书》的作者，后来还和利玛窦一道合译了欧几里得的《几何原本》，对传播西学作出了重大贡献。

一天，利玛窦正在房中琢磨传教事宜，徐光启走进他在北京的寓所，后面跟着一个身形瘦长的年轻官员，利玛窦连忙迎上前去。徐光启向他拱手介绍说："神父，这位是李我存（李之藻，字振之，又字我存），任职工部员外郎，也是我等同道中人。"

利玛窦与李之藻见礼，一番嘘寒问暖之后，问道：

"听口音,先生应该不是京师人吧!"李之藻笑着说道:"神父不愧是中国通啊!好耳力!我是杭州人。""杭州?浙江的首府?"李之藻呆了一下,问道:"神父知道杭州?"利玛窦捋捋胡须,得意地说:"当然知道,我来中国前读过《马可波罗行纪》,知道那里是南宋的行在,是以前的皇城啊!"

李之藻越来越感兴趣了,他笑着问:"神父对杭州还了解多少呢?""我还知道你们这里有句俗语,叫'上有天堂,下有苏杭',对吧!"一直在旁边笑着看两人问答的徐光启插了一句话:"神父知道这句俗语的含义?"

利玛窦有点神往地回答:"当然知道,杭州与苏州都是位于运河旁的两个大城市,它们都非常美丽、漂亮,可以和天堂相媲美。如果有机会,我一定要去看看,领略一下人间天堂的美景。我更想让我的国人都能了解它们,真希望能有这样的机会。"徐光启、李之藻频频点头称是。

利玛窦后来在他的著作中真的提到了这句俗语:"利神父很快便到达了苏州。苏州这座城市,无论就其风景而言,还是就其富裕程度和丰富的物产而言,都是全国闻名的重要城市,因此人们常说:'上有天堂,下有苏杭。'这里的'杭'指的是浙江的首府杭州,很早以前它曾是中国的都城,是皇帝居住的地方。"

据说,利玛窦是首个把"上有天堂,下有苏杭"这句话记录并传播的西方人。至于利玛窦有没有到过杭州,学术界还存在争议,但不管怎么说,有一点可以肯定,利玛窦对杭州相当了解。

利玛窦清楚地知道杭州就在上海旁边，是一座著名的大城市。利玛窦曾委派郭居静在上海开展布教工作，当时，郭居静打算把布教的重点从上海转移到杭州。

利玛窦说过以下一段话："没过多久，我们放慢了上海的传教工作，以便以其人力和物力在浙江一座更大的城市——杭州开设寓所。虽然在上海也确实应该有我们的一处寓所，但我们的人手却十分紧张，好在杭州离上海不是很远，神父可以时常去照料……关于杭州的情况，我们到时会详细地介绍。"可见，不管利玛窦有没有来过杭州，他都肯定知道杭州，了解杭州。

利玛窦还是用"Hamceu"这个词来标注杭州的第一人。利玛窦在提到"上有天堂，下有苏杭"这句话时，把杭州标注为"Hanceu"。在讲到浙江首府杭州时，则标注为"Hamceu"。这一标注比马可·波罗用"行在"来称呼杭州更为精准。他比曾德昭等人用这个词要早三四十年。

利玛窦可以说是明清时期沟通中西文化的最有影响力的开拓者之一，是最早获准进入中国内地传教的耶稣会士之一。这个被大学者李贽赞誉为"到中国十万余里""凡我国书籍无不读"的虔诚教徒，先后在澳门、肇庆、韶州、南昌、南京、北京等地传教，时间长达20多年。

利玛窦不仅开启了日后其他传教士进入中国传教之门，而且开创了之后200多年传教士在中国的活动方式，被称为"利玛窦规矩"：一方面用汉语传播基督教，另一方面用自然科学知识来博取中国人的好感。

在利玛窦的影响下，到1605年，北京已有约200人信奉天主教，其中还包括一些公卿大臣。这当中最著名的，也是后来对他的传教事业帮助最大的，当属徐光启、李之藻和杨廷筠。李之藻和杨廷筠的故事我们在下文中就会看到。

二、李之藻："中国难道不是世界的中心吗"

> 仪之阳有数层，上为天盘，其下皆为地盘，各具三规。中规为赤道，内外二规为南至北至之限。而黄道络于内外二规之间……其过顶一曲线，结于赤道卯酉之交者则为正东西界，其余方向皆有曲线定之，近北窄而近南宽，盖若置身天外斜望者。
> （〔明〕李之藻《浑盖通宪图说·三规画法》）

估计能看懂上面这段文字的读者不多，因为它所讲述的是专业的西方星盘的制作原理和方法。这段话的意思是说，星盘有多层组成，最上面的为天盘，其下的都为地盘。盘上都画有三个正圆。中间的一个圆为天球赤道投影，内外两个圆为南北回归线投影，其余的曲线是南北经度圈投影，这些投影根据方向疏密不同，靠近北极的则密集，靠近南极的则疏广，这些投影的形象犹如一个人置身宇宙之外斜看宇宙时看到的投影样子。

这段文字出自明朝时期杭州籍官员李之藻在跟随利玛窦学习后，所撰的《浑盖通宪图说》一书，这段文字主要介绍了西方球极投影知识。

1601年，欧洲传教士利玛窦获准入居北京，与李之藻相见。李之藻是杭州人，万历年间进士，历任南京工部员外郎、太仆寺少卿等职。李之藻学识渊博，在天文历算、数学等方面都颇有造诣。两人由于志趣相投，一见如故，成了好朋友。

一日，李之藻去利玛窦府中拜访，见利玛窦一脸郁闷，面前摆放着一张地图。一问才知道，这幅图也是利玛窦精心挑选送给万历皇帝的贡品之一，但主客司官员传话说，皇上看了这幅地图很不高兴。利玛窦以为图中哪里画错了，正在认真找寻，但始终找不到差错之处。

李之藻凑上前去认真看了一下，问道："我们大明在哪里？"利玛窦指给他看，只听李之藻一声惊呼，把利玛窦吓了一跳："不会吧！大明不应该在世界的中央吗？怎么可能在这么边上呢？"这一声惊呼把利玛窦唤醒了，他这才知道问题所在。

他耐心地向李之藻解释说："世界很大，中国只不过是世界的一部分。为了照顾你们的情绪，我这幅图已经把中国朝中间靠了。连你都这样大惊小怪的，难怪皇上会不高兴了。"利玛窦借机向李之藻讲述了世界知识以及地图的绘制方法，李之藻深感受益匪浅，他坚定了向利玛窦学习西学的决心。

一筹莫展的利玛窦见到了对西方科学有浓厚兴趣的李之藻，心里别提有多高兴了。他问道："我们一起把这幅图再改一下，可好？"

李之藻很快答应下来，他还提了个建议："皇上不满意，估计也同我第一眼看到时的心情是一样的。我们怎样才能把中国凸显在地图的中心呢？"两人马上动手，反复讨论，历时一年，最后合作绘制了这幅中文版世界地图——《坤舆万国全图》。

《坤舆万国全图》长 346 厘米，宽 192 厘米，采用了 16 世纪最流行的椭圆投影绘制法。利玛窦改变了世界地图将欧洲置于中心的传统地图格局，以东经170度子午线为中心绘制。这样，中国所在的东亚正好居于地图中央，开创了世界地图绘制的中国模式。

地图上不仅欧洲地名全部用汉字标注，而且中国各省的名称在地图上也都能找到。大量汉译地名如欧罗巴、亚细亚、大西洋、地中海、罗马、古巴、加拿大等沿用至今。地球、经线、纬线、南北极、赤道以及五大气候带等，成为中国地理学的基本术语。在这幅著名的地图上，杭州被标在北纬30度的地方，与现在所测杭州纬度相比，已经非常精准了。

利玛窦再次献上地图，万历皇帝看了以后当然满意，他看到中国居于世界的中心，虚荣心得到了极大的满足。他让宫中画匠临摹《坤舆万国全图》，并送给皇亲国戚观览。

2018年2月4日，《国家宝藏》栏目第九期邀请中国科学院院士、地图学家高俊和著名演员张晨光作为护宝人，讲述了《坤舆万国全图》和它的动人故事，让这幅地图进一步被世人所了解。

据传，李之藻原刻本共有七件，现都散落、保存在国外，分别藏于梵蒂冈教廷图书馆、日本京都大学、日本宫城县立图书馆、日本内阁文库、原克莱芒学院、意大利博洛尼亚大学天文台、明尼苏达州大学。尤其是梵蒂冈教廷图书馆的藏本最佳，六屏幅完整，上面有三枚耶稣会印章，没有着色，是当时耶稣会从中国寄回梵蒂冈的。

目前中国国内没有《坤舆万国全图》原刻本，南京博物院收藏的是根据刻本摹绘的版本。这幅地图后来流传到韩国、日本等国家，促进了整个亚洲的地理学、天文学的发展。利玛窦也将这幅地图带回欧洲，同样引起轰动，这幅地图被称为"不可能的黑色郁金香"。

看到所绘地图得到皇帝的赞赏，利玛窦非常高兴，为了感谢李之藻的帮助，他拿出了一个欧洲式石制日晷，送给李之藻。

李之藻后来就是用利玛窦所送的日晷测得张秋的纬度为北纬35.5度（现代数据为36.04度），这可以说是非常接近了。他还写下了《张秋地平日晷铭》，在铭文中说，以前用中国日晷（土圭）进行测量，常有差错，不如利玛窦所赠的西洋日晷准确。他还说，北京的纬度为北纬40度（这是利玛窦等人首先测得的）。可见，李之藻对利玛窦的科学素养是非常欣赏的，并一直向他学习。

1610年初，李之藻到南京工部工作。到了南京后，由于操劳过度，一天，他突然感觉身体发热，浑身乏力，头痛异常——他病倒了，家人也不在身边。

无奈的他想起了住在南京、同自己一直联系交往的利玛窦。他叫了仆人去请，告诉他自己重病卧床的情况。仆人走了以后，李之藻也没抱太大的希望。因为他知道利玛窦比自己大十多岁，听说前段时间也已病魔缠身，可能自顾不暇。但让李之藻感动的是，仆人回来后，利玛窦也随之而来，朝夕陪伴，毅然挑起了照顾李之藻的重任。李之藻又是忧心，又是感动，病情没有减轻，反而加重，有段时间甚至到了病入膏肓的地步。

李之藻感觉自己已经时日无多，他虚弱地对利玛窦说："神父，感谢您的照顾。我这身体估计是回天乏术了。我有两个心愿请神父帮我完成。"

利玛窦问:"什么心愿?我一定会尽力帮你实现。"

李之藻说:"帮我立份遗嘱,我死后请您帮我全权操持后事。神父前段时间劝我入教,我一直没答应。现在人之将死,我将听从神父的劝说,信奉天主教。"

利玛窦用手在胸前画了个十字,慎重地说道:"我都答应。现在我替上帝赐你一个圣名Leone,就是'良'的意思。"李之藻高兴地点点头,又昏睡过去。

昏睡了一天一夜后,李之藻睁开了眼睛。他感觉热度消退,精神好了起来。在利玛窦兄长般的关爱和照料下,李之藻竟然痊愈了。但没想到的是,年龄偏大而又劳累过度的利玛窦却病倒了。深感愧疚的李之藻开始细心照顾利玛窦。但事难遂愿,药石无效,后来利玛窦于1610年5月去世。

利玛窦去世后,李之藻义无反顾地承担起治丧事务。除了购置贵重的棺木、绘制利玛窦画像供人凭吊外,他还与其他官员一起向万历皇帝上疏,为利玛窦申请葬地。

最后,万历皇帝答应将北京的一块土地赐给传教士利玛窦作为墓地,意大利人利玛窦就这样留在了中国的土地上。他与杭州人李之藻的感情跨越了时空,成为杭州对外交往史上的一段佳话。

三、杨廷筠:我在杭州建造了第一座天主教堂

儒者本天,故知天、事天、畏天、敬天,皆中华先圣之学也。《诗》《书》所称,炳如日星,可考镜已。自秦以来,天之尊始分,汉以后,天之尊

始屈。千六百年，天学几晦而无有能明。其不然者，利氏自海外来，独能洞会道原，实修实证，言必称昭事。当年名公硕士，皆信爱焉。（〔明〕杨廷筠《刻〈西学凡〉序》）

有点古文基础的读者估计能读懂其中的大意。对"天学"的研究一直是中国传统的"先圣之学"。但一千六百年来，这一学说越来越趋于没落，作者表达了"几近晦暗"这个意思。幸好利玛窦等耶稣会士带来的西学，才使得"天学"重放光明。

一看就知道，这又是一个利玛窦的粉丝。说起来，这个粉丝来头也不小，同杭州的关系很密切，他就是杭州人杨廷筠。

与李之藻不一样，杨廷筠和利玛窦可不是"一见钟情"的那一种。李之藻一直对数学和天文历算等学问感兴趣，所以同利玛窦可谓惺惺相惜，一拍即合。而杨廷筠早年研究佛学，对儒学也是颇有造诣，儒学经典《易显》《小学礼辑》等都出自他手。

他们见面后，杨廷筠对"名理"问题十分感兴趣，但对利玛窦所擅长的"西学"则一窍不通。所以，两人于万历十三年（1585）在北京初次结识的时候，并没有擦出相互欣赏的火花：杨廷筠对西学没有展示出浓厚的兴趣，利玛窦也认为杨廷筠没有徐光启、李之藻那样"聪明了达"。

虽然二人相谈甚欢，但是杨廷筠并没有想要加入天主教的念头。事情如果到此了结，那还真没有以后的"圣教三柱石"什么事了。

杨廷筠的仕宦生涯并不顺利，大部分时间是在基层度过的。不久后，他就索性辞官，回杭州定居。每天参与东林讲会，偶尔也同在江南的传教士郭居静、金尼阁和艾儒略等往来，日子倒也过得潇洒。

一天，他把郭居静等传教士请到家中继续深谈，想同他们好好探究一下"天学"的奥妙。郭居静神父和金尼阁神父向他详细讲解了天主教教义。杨廷筠边听边点头，有时又不置可否。天主教的很多教义与他从小接受的传统教育还是有所不同，甚至相差甚远。

感到困惑的杨廷筠，却因为一件事情的刺激，摆脱了困惑，加速了信奉天主教的步伐。

明万历三十九年（1611），李之藻的父亲不幸去世，作为好朋友的杨廷筠理所当然前去吊唁。但当他进入李之藻家时，却大吃一惊。按照中国人的习惯做法，尤其是有一定身份和地位的人家，都会请和尚来举行仪式，或在家里供佛像为逝者祈福。但他发现，李之藻不仅扔掉了佛像，而且没有请僧人祈福。

在李之藻的劝说下，杨廷筠也决心抛弃一切传统约束，遵守教规。正是在这一年，他受洗入教，取名为弥格尔。成为天主教徒后，他义无反顾地宣扬天主教教义，撰写了《代疑编》《代疑续编》《圣水纪言》《天释明辨》等著作。他给传教士们提供经费，还把自己的别墅让出来，作为他们居住、传教、举行仪式的场所。在1616—1617年的南京教案中，他还在杭州为传教士提供避难之所。

当然，作为"圣教三柱石"之一的杨廷筠，还有更值得称道之处。他有一个宏伟的计划："所称六科经籍，约略七千余部，业已航海而来，具在可译。此当蔡愔、

天水天主教堂

玄奘诸人近采印度诸国寂寂数简所可当之者乎?"

当时他们能见到的西学著作有七千余部,杨廷筠打算以玄奘西游取经的精神,用十年的时间,与同道中人艾儒略等人一起把它们翻译出来。

这是多么感人的精神,一个多么宏伟的计划。虽然在那个特殊的历史时期,杨廷筠并未能完成他的历史使命,但我们真的可以想象,如果这七千多部著作都翻译出来,会对当时闭关锁国的中国产生怎样的影响?是否会改变中国历史的进程?当然,历史不能假设,也很难假设。

明天启七年(1627),杨廷筠出资在观巷(观桥西,今中山北路 415 号天主教所在地)一带购地建造了杭州第一座天主教堂,原名无原罪圣母堂。在他们的努力下,杭州成为明末天主教传教的中心之一。我们现在路过中

第六章 看世界,西学东渐找差距

山北路时还能看到这座教堂,当然,它已经不是杨廷筠原造的那一座了。至于这座教堂是怎样变迁的,那又是另一个故事了。

四、卫匡国:死了就葬在杭州的意大利人

> 浙江省首府杭州是一座华贵之城……鞑靼人无船渡江,驱逐和屠杀敌军后,再凯旋入城,既没有在城里使用武力,也没有横施暴行。那座高尚城市因此得以保全。此城之雄伟、美丽和富庶,我向你来描述,我是眼见为实,不信传闻,我在该城住了三年,又从那里赴欧洲。这个城有一条运河,也就是渠道,经水路通向中国北部。这条运河与我提到城南那条江之间,只隔一道高河堤,像一条大路。
> ([意]卫匡国《鞑靼战纪》)

初看上面这段材料,还真以为是一位杭州老乡的记录。求实的态度、细腻的描述,把杭州的历史沿革、地理风貌很好地展现在世人面前。实际上这是意大利人马尔蒂诺·马尔蒂尼的回忆。

看到这个名字,读者诸君千万不要以为是一位足球明星。他可是一个非常有影响力的人物,创下了很多的第一呢:撰写了欧洲第一部汉语语法书,发起中国学生赴欧洲留学第一人,西方研究中国地理之父,欧洲早期汉学研究奠基人之一。

1643年,一个年轻的意大利传教士踌躇在杭州街头,他就是29岁的马尔蒂诺·马尔蒂尼。他来到杭州可称得上历经千辛万苦。早在1638年,马尔蒂尼就被耶稣会派往中国传教,他从意大利的热那亚启程后,由于旅途遭遇风暴,他不止一次被迫返回里斯本。

卫匡国像

第六章 看世界，西学东渐找差距

　　1640年，马尔蒂尼总算到达印度果阿，又因为缺乏船只，足足等了一年多的时间。重新上路后，他先后换乘了三艘不同的船只，最后才于1642年来到澳门。也就是说，这一次前往中国的旅行、传教之路足足花了他四年时间。到了中国以后，他就马上赶到了杭州。

　　一些当地的天主教徒聚在一起迎接马尔蒂尼。在交谈中，一位杭州籍天主教徒好心地对马尔蒂尼说："马尔蒂尼神父，你来到杭州传播福音，我们都很高兴。我有个建议，你能否取一个中国名字，这样我们称呼起来也方便一点。你出去传教也更能被民众所接受。你看怎样？"

　　马尔蒂尼歪着头认真听取了他的建议，然后沉稳地回答："我在意大利学了好几年的汉语，我也知道入乡随俗的道理。在来之前我给自己取了一个中文名，我以后就叫卫匡国——保卫、匡扶大明王朝之意，你们帮我看看是否妥当？"

"太好了！既有内涵，又朗朗上口，以后我们就这样称呼您了。"聚在身旁的教徒纷纷叫好。

有个天主教徒插了一句："按照中国的习俗，有名字还需有号，我们是否帮卫匡国神父再取一个号？"

卫匡国笑了，他有点自得地说："这我也想到了。以前利玛窦神父有个号叫'西泰'，我就叫'济泰'，这样懂的人一听就知道我同利玛窦神父之间的关系，又能表现出帮助、协助、救助的含义，你们看可好？"大家一听，赞声一片。

在杭州待了一段时间后，卫匡国结交了一些江南名士和达官贵人，与他们打成一片。由于卫匡国比较能言善辩，演说极具感染力，杭州的三教九流都喜欢同他交往。一天，他与其中一些人闲聊，说起马可·波罗对"行在"的提法，一些官员说："'行在'就是皇帝的临时行宫，皇上一般有好几个行宫，这'行在'难道一定指杭州吗？"

卫匡国胸有成竹地说："据我的了解与考证，'行在'就是指杭州。马可·波罗对'行在'的描述，与我现在看到的许多情况是一样的。中国的历史记载、日期、名称，描述的细节、规模，以及其他方方面面都让人确定，这个城市就是'行在'，所以没有理由再去怀疑这一点。当然，这个城市有自己的名字，应该叫杭州（Hangcheu），马可·波罗用的Quinsay这个词应该作废了。"

旁观者被卫匡国说得哑口无言。之后，Quinsay在西方古地图上消失，而代之以Hangcheu等拼法表示"杭州"。

一天，对杭州越来越感兴趣的卫匡国要求当地的信徒陪他再去西湖边走走，他要进一步感受这个美妙的城市。当他们来到西湖边时，西湖的美景让他多年之后都记忆犹新。

后来，他在书中这样描述："这是一个美丽宜人的湖，方圆达四十视距，四周各处都被城墙或山脉环绕，宛若一座迷人的戏院，众多在小小的河床上流淌的溪流注入湖中。环视四周，到处可见山脉、寺观、官殿、庙宇、文化机构、树木、陵寝和美妙的花园。人行道宽阔的路面都由方石铺就，湖面上也有横跨的道路可供行走；同时由于一系列桥梁的存在，游船也可以在桥下通过……"多么走心的观察，多么细腻的笔触，看到这样美丽的场景，谁还会拔足就走呢？

看到卫匡国看得这么津津有味，一位陪同者突发奇想，对卫匡国说："神父对西湖这么感兴趣，今天刚好是八月十八，我再带你去个地方，你可能会更加流连忘返了。"卫匡国听到有这样的美景当然不会放过，他们一行数人逶迤来到钱塘江边。原来当地信徒想带他来实地看一下钱江潮。

当他们来到钱塘江边时，已经是下午4点左右，卫匡国发现江边已经人山人海，"……所有市民，尤其是陌生人和外地人，都蜂拥而至，要亲眼目睹潮水那惊人的力量"。陪同者叫卫匡国等人站远一点，告诉他，潮水来的时候，有雷霆万钧之势，千万要小心。

卫匡国等人一开始还似信非信。等到潮水奔腾而至时，它的壮观与澎湃让卫匡国的心灵深受打动："每年农历八月十八日，会有一股格外有力的大潮猛力地把河水推回杭州城，这一现象给哲人们提供了丰富的讨论素材。事实上，高潮一年到头都很显著，不过那一天的潮

卫匡国墓

水在力量和强度上超过其他任何一天。"

我们不得不佩服卫匡国的观察力与记忆力，因为即使是在300多年之后的今天，农历八月十八日的钱塘江潮水，流经杭州萧山及六和塔九溪一带时，也还确实是下午4点到4点半这个时候。

由上述的故事我们可以看到，卫匡国是一个十分"中国化"的传教士，名字的"中国化"只不过是一个外在形式。为了让自己能真正融入中国，他苦学汉语，可能是西方传教士中第一位能够用汉语著书的人。为了让自己能尽快了解中国社会，他到处传教，足迹遍布杭州、绍兴、金华、宁波、南京、北京、广东等地，至少游历了当时中国十五省（两京、十三布政司）中的六七个省，对中国山川地理、人物掌故烂熟于心。

他用拉丁文撰写的《中国上古史》《中国新图志》《鞑靼战纪》《中国文法》四部书在中外交流史上都具有重大意义。《中国上古史》第一次完整地将中国历史介绍给西方；《中国新图志》第一次将中国的自然面貌、经济和人文地理情况，系统地介绍到欧洲，成为当时欧洲人了解中国地理的必备工具书，他因此被欧洲人称为"研究中国地理之父"；《鞑靼战纪》描写了明清改朝换代的历史事件，被称为"欧洲汉学史上第一部中国现代政治史"；《中国文法》被研究界认为是世界上第一部中文语法著作，是欧洲学者深入研究中国语言的参考书，是西方人学习汉语文法最早的工具书。

我们前面讲杨廷筠在杭州建造了第一座天主教堂，后来这座教堂又是怎么重建的？在这一点上，卫匡国功不可没。回国一次的卫匡国于顺治十四年（1657）再回杭州，受到了浙江地方官员的支持，重建了天主教堂，即今天的杭州市天主堂的前身，成为当时全国最壮丽的教堂。

清顺治十八年（1661）的一天，卫匡国出现了腹泻和呕吐症状，浑身乏力。几天以后，病情加剧，出现了脱水的症状。有一定医学常识的卫匡国知道此病来得凶险，很有可能是感染了霍乱。

卫匡国对身边的服侍之人和耶稣会士说："不要多来照顾我，以防传染。如果我有不幸，就把我葬在杭州，此地景色优美，足慰我心。"几天后，卫匡国去世，享年47岁。按照他的遗愿，他被安葬于杭州市留下镇桃源岭北麓老东岳大方井天主教司铎公墓（今西溪路549号）。

卫匡国是继马可·波罗和利玛窦之后，对中国和意大利两国之间的友好关系和科学文化交流作出了杰出贡献的一位重要历史人物。

五、金尼阁：用拉丁文给汉字注音

耐心的读者，你必须了解，我们对于向你提供事实真相，要比提供文学体裁的乐趣更感到有趣。至于记述中所包含的事物的真实性，只要是在人力所能达到的真理限度之内，那就简直没有留下什么可怀疑的余地。利玛窦神父是很有德行而不会去骗人的，又很有经验而不会受骗的。而我本人呢，我敢向你保证，我所补充的都是我亲眼所见或者得自其他神父的真实报告。他们或是亲身目睹，或者是得到教会编年史的肯定。我不仅到过中国，而且旅行过它的六个主要省份，见过所有的传教中心，并且我相信还对整个教团的事务累积了透彻的了解。我们认为最好把这些都告诉你，哪怕啰唆些，免得迄今出版的有关中国的各种书籍中出现相反的看法会使你产生怀疑。（［意］利玛窦，［比］金尼阁《利玛窦中国札记·金尼阁致读者》）

从上面的文字中我们已经清楚地知道，是金尼阁把利玛窦在中国的所见所闻，通过自己细心考证后，尽可能如实地记录下来的。

大家千万不要小看这件事，《利玛窦中国札记》一书的英译者对此有非常高的评价："自从3个世纪以前金尼阁的书首次问世以来，没有任何国家的哪一个汉学家不曾提到过利玛窦，中国的史学家也无不引用金尼阁的书，它打开了中国与欧洲关系的新纪元，留给我们一份世界上最伟大的传教文献。它对欧洲文学和科学、哲学和宗教等生活方面的影响，可能超过任何17世纪的历史著述。"

金尼阁同利玛窦有什么关系？他与杭州的交往又有什么故事呢？

明万历三十八年（1610），利玛窦病卒。当生命走到尽头时，利玛窦当然不会也不可能想到，他一生为之奋斗的中国传教事业，将要交付到与他同样踏上远东行程的一批又一批后继者手中。同年秋天，也就是利玛窦逝世几个月后，一位名叫金尼阁的比利时人（很多地方称他是法国人）抵达澳门，开始了在中国的传教之旅。

金尼阁与杭州非常有缘。到中国后，金尼阁先在南京跟随高一志、郭居静两位神甫学习中文，并从事教务工作。后来，郭居静神父带来一个年轻官员并介绍给金尼阁认识，两人一见如故。这个年轻官员就是当时在南京任职的李之藻。

1611年4月的一天，李之藻来见郭居静与金尼阁。两人见他臂缠黑纱，头戴白帽。问之，才知道李之藻的父亲去世了，这种习俗是寄托对长辈的哀思。

李之藻已经向官府告假，将回故乡杭州奔丧。因为同两位神父非常投缘，李之藻已经报请当时中国天主教会负责人龙华民的同意，想在此之后，邀请郭居静、金尼阁两位神甫和中国籍修士钟鸣仁一起往杭州开教。两位神父当然满口答应，金尼阁说："我在欧洲之时就早闻杭州之名，也想借机领略一番天城之美。我们什么时候走？"

这年的5月，金尼阁一行到达杭州。次日，就在灵隐寺附近龙泓洞一带的李之藻寓邸，举行了杭州历史上首届耶稣会弥撒礼，在当地引起了不小的轰动。

到了杭州，李之藻当然不会忘记自己的好朋友杨廷筠，他把郭居静、金尼阁两人引荐给杨廷筠，杨廷筠非常高兴。因为李之藻家忙于丧事，不便居住，他就极力邀请两位神父前往他家居住，两人因此迁居城外杨廷筠府中。

短短的一段时间，金尼阁却影响了杨廷筠的信仰。我们前面也讲到，杨廷筠虽然钦佩天主教，但由于受传统观念的影响，心中一直存有疑惑。他这段时间与金尼阁住在一起，两人交往颇多。杨廷筠经常与金尼阁辨析宗教问题，在金尼阁的耐心疏导之下，杨廷筠慢慢去除心中块垒。这年6月，杨廷筠接受洗礼，皈依天主教。

可见，明末之所以会出现"圣教三柱石"，金尼阁功不可没。金尼阁不止一次踏上跨越亚欧两大洲的凶险航程，尤其是二度来华后，较长时间住在杨廷筠家，并以杭州为中心，到嘉定等地活动。明天启七年（1627），他再度被召回杭州，从此就在这里专心传教和著述。

金尼阁在中国传教期间，一直有一个宏伟计划：将相关的西洋图书翻译到中国。他利用自己回国的机会，将自己编著的《利玛窦中国札记》一书进呈教皇，并代表中国耶稣会负责人龙华民向教皇提出在北京建图书馆的建议。

鉴于耶稣会在华传教取得巨大成就，教皇很快就同意了这个建议，还捐赠了约500卷图书。此外，教皇和其他的耶稣会会长每人还捐赠了1000枚金币用于购书，欧洲的一些达官显贵们也都纷纷献上送给中国皇帝的礼物。金尼阁利用这些钱物，先后到当时欧洲的图书出版中心里昂、法兰克福、慕尼黑、科隆等地，购置了大量图书，一律采用大红封面，加印教皇纹章和烫金书名。他历经千辛万苦，将这些沉甸甸的书籍带到中国，史称西洋图书"七千卷"。虽然后来这项图书翻译工程没有完成，但其心可鉴，其志可嘉。

金尼阁在杭州时还组织刻印了许多书籍，其中著名的有他翻译的"五经"拉丁文译本——这使他成为第一个将译成西文的中国典籍出版的西方人。

1626年，在王征的协助下，金尼阁完成了中文书籍《西儒耳目资》三卷，这是他唯一的一本中文著作，他自称沿袭利玛窦所创体制，即用利玛窦"二十五字母"互相结合，上加五个字调记号，来拼读一切汉字的读音，可以说是一部最早用音素字母给汉字注音的字汇。这部书主要是为帮助来华传教士认读汉字，也是为了使中国人能在三天内通晓西方文字体系，它在中国音韵学史上具有开拓新领域的作用，事实上也成为中国最早的汉语拼音方案。

同卫匡国一样，金尼阁也是最终把自己与杭州融为一体的欧洲人。他在华的10多年里，多数时间是在杭州度过的，对中西文化的直接交流和基督教在中国的传教事业作出了贡献。金尼阁在杭州逝世后，被埋葬于杭州市留下镇桃源岭北麓老东岳大方井天主教司铎公墓（今西溪路549号）。

六、崔溥：差点遭遇海难的高丽人与他的《漂海录》

十二日，在杭州。是日晴……浙江布政司，东南至海，南至福建界……内有杭州第一，……（城中）又有九井三潭，吴山大井为上，郭婆上八眼、下八眼、中八眼、西寺等井居次。又以小沟浚西湖之井导入城中。……杭即东南一都会，接屋成廊，连衽成帷；市积金银，人拥锦绣；蛮樯海舶，栉节街衢；酒帘歌楼，咫尺相望；四时有不谢之花，八节有常春之景，真所谓别作天地也。（转引自张环宙、沈旭炜编《外国人眼中的大运河》）

上面这段文字，有相当的文言功底，尤其是后面一段，言语简练，对仗工整，没有一定的语言能力很难驾驭。如果以文取人，会以为是国内哪个文人描写杭州的文学佳作，那就大错特错了。这是《漂海录》一书中的记载，是15世纪朝鲜王朝官员崔溥根据自己的独特经历写成的。作为朝鲜大臣的他怎么会路过杭州？他对杭州的描述又怎么会如此精彩呢？

明朝弘治元年（1488），一艘海船在朝鲜海面静静航行。船头上一人身穿白袍，头戴宽边黑帽，正在满脸严峻地看着远方的天空。他就是朝鲜弘文馆副校理、济州等三邑推刷敬差官崔溥，带着佐吏、护送军及船工等人，渡海回家为父奔丧。他看着远方渐渐浓厚起来的黑云，忧虑地对身边佐吏说："看样子会起风暴，告诉船工做好准备，不得懈怠。"话音未落，只见海浪逐渐汹涌，风速渐渐加大，一场突如其来的风暴说到就到了。

崔溥心中一阵懊恼，本来去奔父丧，所以冒险出海，不料如此"走运"，遇上这样的鬼天气，会不会……他不敢想下去。风暴来势凶猛，船只如同一片枯叶，在海水中上下颠簸，漫无方向地随波逐流。面对这种状况，崔溥也别无长策，只有不断为身边人鼓劲、加油。

暴风不停地狂吹，整个天空黑暗如墨。船上诸人没日没夜地与风浪搏斗，崔溥感到精疲力竭，粮食越来越少，心里也越来越焦虑，大家都靠着一种本能，靠着仅存的勇气与毅力与风浪搏斗。

崔溥都已经记不起这是在海上漂流的第几天了，直到有一天，风暴终于渐渐小了下来，船上众人满脸憔悴。这时，一声惊呼把大家的精神都提振起来了："快看！快看！前面有岛屿！"崔溥一看果然如此，他不由大喜，马上下令让船只向岛屿方向靠拢。

上岛后，崔溥马上命令船上导航员查看航海图，查明现在是在什么地方。导航员费尽九牛二虎之力，才查清这是大唐国（他们还是习惯称呼中国为大唐）台州府，他们已经在海上漂流了10多天了。

当崔溥等人一边庆幸，一边正要下船去当地政府交涉之时，只见一股人来势汹汹，登上他们的船只。崔溥以为是当地官府派来的，忙迎上前去。一番问话后，却发现语言不通，双方根本无法交流。对方领头之人用手势告诉崔溥，让他把想讲的话写下来。等他们写好之后，那班人一看，哈哈大笑。

原来这是一班海盗，崔溥等人可谓"才离虎穴，又入狼窝"，海盗把他们的财物劫掠一空。还好网开一面，没有斩尽杀绝，只把他们驱赶入海，让他们自生自灭。

崔溥他们一路颠簸，终于又看到了海岸线。他们靠岸后还没缓过气来，只听得一阵锣响，一支全副武装的军队已经把他们团团包围。原来，当时台州府沿海深受倭寇的骚扰，看到有陌生船只靠近，疑为犯境的倭寇，所以官府派军队前来围歼。还好是虚惊一场，经过逐级审核，当地政府查明了他们的身份，然后派人把他们转送北京。崔溥等人从宁波经浙东运河到杭州，再经京杭大运河取道北京回国。

经过生死考验的崔溥一行得到了精心的护送。一路上，大明王朝的繁华让崔溥感叹不已。他想，如此奇特的遭遇，如此奇妙的旅行，为什么不把它记录下来呢？于是，他以日记体记述了自己的这段经历。

一天，恰逢初十之日，天气晴好。随行的官员掌驿中事顾壁告诉他，你要去京师（北京），前面的路线就不能不清楚。我国苏杭以及福建、广东等地的贩海私船，到占城国、回回国（泛指中亚等国）等地，虽然能够获得红木、胡椒等东西，但十艘船出去，往往只能回来五艘，这条水路很不安全。而到京师去的这条水路，是通过运河走的，十分安全。琉球、日本、暹罗等国进贡，就是从福建布政司到杭州，再经过嘉兴到苏州的。明天就到杭州了，我们要在那里休息几天，然后换船沿京杭大运河一路北上。

崔溥一听杭州之名，马上兴致大增。熟谙中华文化的崔溥当然知道杭州的天堂之名。他想，一定要好好地观察记录杭州的繁华盛况，不枉此行。前面引文的记载，就是他对杭州的记述。

在离开杭州之时，崔溥作了更为细致的记录，表明了他对杭州的依依惜别之情。

"十三日，自杭州登程。是日阴。指挥杨旺护臣等自武林驿起程，行二十余里，至城北门，门有三层。重城外，门又二层，榜曰：武林之门。城内所过层门十四，大桥十余，庙三，铺二。……重城外有吴山驿，驿前又有吴山铺，又三大桥、四门，皆忘其名。自门外可十余里间，市肆相接，亦与城中一般。行至天妃宫，宫前即德胜坝

《崔溥〈漂海录〉评注》

河。……过溥济桥，桥有三虹门，桥上有华光寺，江涨桥。桥有四虹门，桥上有江涨铺。至香积寺前小留焉。……自德胜坝至此，温州、处州、台州、严州、绍兴、宁波等浙江以南船舶俱会，樯竿如簇。夜过通示桥等三桥，桥以水广皆设五虹门，甚高大。"

如此细致的记录，如同一幅导游图在我们面前徐徐展开，让我们也好好感受了杭州的山水之美。

历经千辛万苦的崔溥回到了朝鲜，但他与中国的交往并没结束。1492年，崔溥守孝脱丧后，以书状官的身份随谢恩使再次来到北京，向大明王朝表示感谢，一曲中朝两国深厚情谊的史歌就这样谱就。他后来将沿途见闻写成《漂海录》一书，此书是古代两国民俗风情的写照，被公认为是介绍古代中国的三大日记体著作之一，成为研究中国明代国情的重要资料。

七、陈元赟：被称为日本"柔道鼻祖"的余杭人

陈元赟是"我国明清之际杰出的学者、诗人、方伎家。他在日本德川时代对日本文化、柔道、技艺等有着多方面贡献，影响至今未泯。日学术界和其他各界把他与著名学者朱之瑜等尊为日本的'先哲'"。

明万历三十三年（1605），余杭县衙正大门上贴出了一张红榜，上面写着县学考试录取的名单。榜文前围满了翘首以盼的莘莘学子，有的人喜极而泣，有的人则垂头不语。其中一位19岁的青年学子也站在人群中，看到最后也没找到自己的名字，他不禁喟然长叹："'榜名尽处是孙山，贤郎更在孙山外'，没想到这样的故事也落在我的身上。"

一起陪他来看榜的友人劝他说："科举中榜哪有那么容易？有多少才子折戟沉沙呢！别泄气，我们下届再来。"

只见那青年学子把手中的《四书集注》朝地上一扔，霸气地说："如此腐学，取了又如何？我再也不会在这里浪费光阴了。"说毕，扬长而去。

这位青年学子就是陈元赟。青年时的他好学不倦，博览群书。除了"四书五经"之外，他兴趣广泛，求知欲强，非常博学多才。很早的时候，他就编辑了《珊瑚枕》一书，主要是辑录前人的诗文，署名崆峒子。但还未及刊行，手稿就被人偷去，后来也没有找到。

如此多舛的命运，并没有消磨陈元赟的意志。县学考试落榜后，他就弃科举如敝履，再也不参加科举考试了。

明万历四十一年（1613），河南登封县少林寺山门外，一位20多岁的青年正与知客僧交谈。他告诉知客僧，久闻少林寺是武术之乡，寺内又多医药书籍，而他本人所学甚博，既想好好精研武术之技，又想研学医道以普度众生，希望知客僧能告知方丈，收他入寺学习。

知客僧一开始并不想帮他，一口回绝。没想到这个年轻人从早到晚一直等在山门外，只要知客僧一出来，他就迎上前去表明心意。看到这个年轻人如此执着，知客僧也被感动，于是他禀告了方丈。

方丈请年轻人入方丈室，叫他先写下出身履历。陈元赟拿起纸墨，片时之间，一挥而就。方丈一看，书法师宗赵孟𫖯，功底不凡，先有三分好感。与他进一步交流后，也被他的博学与武学根基所打动，于是答应他入寺学习。这个青年人就是离开家乡外出游学，浪迹各地的陈元赟。

少林寺的学习对陈元赟影响很大。他在寺内管理药材，研学武术，对医药、针灸、气功、食疗都颇有研究。这里值得一提的是，少林寺内还有七口陶窑，而这七口陶窑也由陈元赟管理。本就博学多才的陈元赟又进修了制陶技术，掌握了一手精湛的制陶技艺。

虽然只过了一年多时间，陈元赟就离开少林寺，继续过着飘零的游学生涯，"自愧飘蓬无定迹"，但在少林寺的一年，使他的武术根基更扎实了，也使他对医道、书艺、陶艺等都更为精通。

明万历四十七年（1619）秋天，一艘朝日本方向驶去的商船正在破浪前行。秋天的风已经有点凛冽，刮在人的脸上有点刺痛感。

陈元赟站在船头，迎着海风眺望东南方向，眼中慢慢泛起泪花。由于多年的游学，他身心俱疲，也产生了一事无成的挫败感。希望能有所成就的陈元赟找到了一个相熟的客商，搭乘他的商船前往日本，希望能换个环境，换种生活方式。

陈元赟在后来撰写的《长门国志·序》里就说自己是"渡瀛海，涉鲸波，入扶桑之故墟"。但真的要离开故里，前往前途未卜的异国他乡，他还是泛起了一阵心酸，泪水不知不觉地夺眶而出。当然，他当时肯定不知道，他这一去就是一辈子。

东渡日本后的陈元赟，流寓50多年未归，故国风情只能萦绕在他梦里。

柔道是奥运会比赛项目，是许多读者比较感兴趣的体育赛事。然而，这项体育运动的鼻祖却是我们今天所讲的主人公陈元赟。我们知道，柔道是由日本推向世界的，一个余杭人怎么能成为日本人引以为傲的柔道的"鼻祖"呢？这就要从陈元赟到日本后的成就说起。

日本宽永三年（1626），陈元赟寄居江户（今东京）城南虎岳山西久保国昌寺。住寺期间，他根据自己的武术功底，创编了柔道。当他把创编的这套技法演示给一些日本浪人和武士看时，日本人感到震撼，也大为欣赏，纷纷要求跟他学艺。

陈元赟看到武士福野正胜、三浦义辰、矶贝次郎兴趣浓厚且有一定功底,就把柔道技法传授给了这三人。后来,三人各自形成流派,使柔道传遍日本,陈元赟因此被日本人奉为"柔道鼻祖"。

日本《国史大辞典》《吾国随笔》《凌雨漫录·柔术之始》,以及原念斋的《先哲丛谈》、信田恕轩的《依田学海》、丸山三造的《日本柔道史》、下川潮的《陈元赟和柔道的始祖》等书中都有详细记载。日本爱宕山还有一块《爱宕山拳法碑》,所刻碑文也明确记载了陈元赟为柔道的创始人。

中国社会科学院研究员衷尔钜先生更是明确表示:"柔道具有坚毅、进取、奋勇等美德,经数百年之锤炼,已融化于日本固有文化中,成为一种民族精神。日本现今有享誉世界之柔道,寻根溯源,陈元赟是其鼻祖。"

陈元赟能文能武,多才多艺,是中国明清之际致力于中日文化交流的代表性人物,他在诗文、武术、制陶及医术等方面的成就异常丰硕,许多方面对日本社会产生了深远的影响。

除了武术上的深厚造诣外,陈元赟还在日本主持、传授烧窑制陶技艺。他的制陶方法精致,制作出来的陶器风格独具,有"元赟烧"的美称。尤其是他烧出来的茶器,质地坚硬,外形美观。以它泡茶,茶汤浓郁,碧绿的茶汤衬托着洁白的器皿,如同一幅图画,令人口舌生津。因此,他烧制的茶器往往被奉为上品,对日本的茶道产生了深刻影响。

陈元赟的书法绘画在日本也是登峰造极的。有不少人拜他为师,或向他学习书法,或向他学诗习武,或向他学习各种工艺,影响很大,逐渐形成了一个以他为中心的学派——"芝山学派",被日本学术界誉为"介绍中国文化之功劳者"。

陈元赟还是一位医学圣手,他在日本行医时,广泛传播了元代浙江义乌人朱丹溪的医术及学说。他一生著作甚丰,有《虎林诗人集》《既白山人集》《升庵诗话》《老子经通考》《元元唱和集》《陈元赟书牍》等多部著作传世。

陈元赟在日本一住就是50多年,他后半生常住日本,也没有归国,但他的爱国爱乡的信念始终不变。一些日本人包括有些学者,都把他看作"归化"民或"投化"人,但陈元赟在许多题款中自署"大明武林"或"大明虎林",这武林、虎林都是杭州的别称——他一直都没有忘记自己是杭州人。

陈元赟在《升庵诗话》中自称"仆余杭人",又自号"芝山"和"既白山人",我们知道余杭在明朝时为杭州府属县。"芝山"和"既白山"两山都在余杭境内。可见,他自始至终不变气节,不失国格。

清康熙十年(1671),陈元赟卒于名古屋,享年85岁。他的遗体被礼葬在名古屋尾张藩专祀德川氏先祖的德兴山建中寺,碑上题为"大明国武林既白山人广学陈元赟,宽文十一年六月九日殁"。

八、东皋心越,有鉴真之风的得道高僧

师之为人也,恬淡温雅,高静寡欲,宽简大量,身长七尺,雪眉莲目,具有大人之相。虽富奇才,谦让自韬,有自题曰"落魄岩阿愚且痴,那堪东渡作人师",又曰"头陀何为,烟霞疾痼",追师之寂,

闻其丧者莫不痛悼，其品德感人之深如此。（［荷］高罗佩《东皋心越禅师传》）

在中国，鉴真东渡是一个家喻户晓的故事，鉴真是一位与玄奘齐名的得道高僧。然而东皋心越禅师的事迹，估计大家不甚了了。我们真应该好好体会高罗佩对心越禅师的赞美。

东皋心越禅师是明末清初一位有鉴真之风的禅师，他驻锡杭州永福寺，因多才多艺，艺僧之名广传天下。清康熙十五年（1676），日本长崎兴福寺第四代住持澄一道亮仰慕心越之名，诚心邀请心越赴日本，担任日本兴福寺住持。为了弘扬佛法，东皋心越禅师毅然东渡，不仅传播佛学，还因自己的多才多艺而被日本人称为"琴学之祖""篆刻之父"，在杭州的对外交往史上谱下了光辉的乐章。

清康熙十五年（1676）秋，精心准备了大半年的心越禅师带了一些弟子和几位前来迎接自己的日本僧人从普陀扬帆起航，东渡日本。心越是一位多才多艺的高僧，能书善画，工于篆刻，长于抚琴，吟诗作赋，下笔成文。

为了缓解旅途中的疲惫与无聊，禅师携带了虞舜、素王、万壑松三张古琴，以及《松弦馆琴谱》《琴学心声谐谱》等古谱，还有篆刻刀具、《韵府古篆汇选》等书籍赴日。

船行海上，视野宽阔无边。在开始的几天里，风平浪静，明月高悬。心越禅师仰头望月，也不禁涌起思乡之情。他拿出笔墨，对着月亮吟出了一首咏月诗，题名为《舟中对月》，诗中体现了他当时的心境："一派汪洋一叶舟，千重银浪万寻流。此身物外等蜉蝣，何处家

半山东皋上塔庙遗址东皋画像

山是故丘。今宵月下独张眸，咫尺关河道路攸。海水滔天不自由，夜阑谁与数更筹。"诗句中满是家国情怀，读之让人愀然于心，此诗后来被收入《东皋心越诗文集》。

海上天气倏忽万变，前几天还风平浪静，众人可赏月观景，后面几天风暴突起，虽然大家对这次行程的艰难早有准备，但遇到如此大风暴还是让船上诸人感到紧张，尤其是一些年轻弟子，已经开始坐立不安，一些人甚至呕吐不止。

心越禅师对他们说，心中有佛，其心自定，镇定诵经不已。船上诸人深受感染，以更积极、淡定的态度迎接风暴。十多天后，一路历经险阻的心越禅师一行踏上了日本的土地。

身为中国曹洞宗寿昌派传人，心越禅师心怀远大目标，他立志将曹洞宗寿昌派传承并发扬光大。到了日本后，他发现事情并不像自己所想的那样好办。当时的日本正值德川幕府统治，幕府实行锁国政策，控制极严，尤其是国内佛教宗派之争非常激烈。

心越初到日本的三年时间，因种种原因困居信奉临济宗的兴福寺。但他并未气馁，以禅学、书画、篆刻和琴道结交幕府，为自己寻找机会。

靠着自己的努力，心越结识了一位重要人物——水户大名德川光国。在他的干预下，心越禅师终于如愿移居曹洞宗的皓台寺。东皋心越在日本，从长崎到水户，从临济宗到曹洞宗，从结交幕府到潜心传教，从入住天德寺到开堂说法，最终被封为祇园寺开山祖师，走过了近二十年曲曲折折的说法授艺之路。

东皋心越禅师是中日文化交流史上一位划时代的重要人物。他为了弘扬佛法，用琴艺、篆刻、书画广结善缘，收到了意想不到的效果。据《日本音乐史》记载，心越在日本大传华夏琴道，"夫中国七弦琴者，往昔日本人徒听其名，而未尝知其实，日本旧籍多载'琴'一字，而其意殆指和琴、新罗琴，皆筝课之一种，非中国先圣之制。"

心越的七弦琴艺术使当时的日本社会大开眼界，东皋在祇园寺授琴道，大为轰动，前来请教者络绎不绝，他无不悉心传授。"以后在日本僧学者之间就有了琴曲的传统"，古琴艺术因此在日本广泛流传，成为日本人民文化生活的一部分，三百多年来从未间断。心越被誉为日本"近世琴学之祖"，《东皋琴谱》如今在日本多次再版。《日本琴史》中称："中国琴学盛于日本，实师之功。"

心越禅师在篆刻艺术上的成就以及对日本的影响同样深远。据中日合编的《中日文化交流史·艺术卷》介绍，心越将所携《韵府古篆汇选》在日本翻刻推广，使中国篆刻艺术在日本广为流播，他被奉为日本"篆刻之父"。他的篆刻既崇尚汉印之浑朴，也取法元人之飘逸，具有明末清初典型的审美意向，风格多变而雅俗共赏。他的刀法独树一帜，强调以刀带笔，追求线条自然流畅，充满立体感。

东皋心越禅师在日本除了在禅学、琴学、篆刻学等方面影响深远之外，另在诗文、书画、医学等方面也有传播。近年来，日本画界、音乐界、宗教界人士纷纷来永福寺寻根访祖。

九、马戛尔尼,他们在杭州引起过惊慌

美丽的湖水,直径约三四里长。在湖的北面、东面和南面环绕半圆形一系列名山胜地,由山底到湖边一条不宽的平地上做了适应环境的风景布置。西湖周围建了许多达官贵人的别墅、著名的寺庙,还有一座皇帝行宫。湖水同山边冒出来的小溪流在峡谷中汇合,上面建了轻便巧妙的石桥。山顶有几座宝塔,其中一个名雷峰塔最著名,它建筑在突入湖面的一个险峭半岛的边沿。它的下面四层仍然屹立在那里,上面的几层都倾塌了。在它朽烂的飞檐上还看得出规则的双道曲线。上面生满了小树、绿苔和野草。在同样情况下,欧洲建筑物一定要产生常春藤,但在中国任何地方没有这种东西,雷峰塔的拱门和嵌线是红色的,塔是黄色石头砌的。它现在的高度不超过一百二十尺。([英]斯当东《英使谒见乾隆纪实》)

如果说,马可·波罗等人对杭州的表述带有猜想和道听途说的成分,上面这段文字对杭州的表述要精准得多,字里行间看得出作者对杭州的熟悉程度:西湖的周边环境、雷峰塔的建筑情况,没有亲自去考察,不可能有如此富有画面感的介绍。

大家对马戛尔尼的印象,可能还是一个率领使团访问中国的英国使臣,一个为了三跪九叩还是屈膝礼与乾隆皇帝斤斤计较的英国绅士,一个对清政府作出"巨人露出蓝袍下一双泥足"的判断的观察者。但我们也不能忘记,他率领的使团曾经路过杭州。

还是让我们先来看看马戛尔尼出使的目的与结果。应该说,马戛尔尼的中国之行是不尽如人意的。他们带

雷峰塔

着开拓中国市场的使命而来，却未能如愿。一个细节可以看出两者之间"情不投、意不和"的尴尬。

乾隆皇帝接见英国使团后，为了显示"天朝大国"的皇恩浩荡，命大臣陪英国使团参观行宫。使团中的很多人原来对这次出行所带的礼物非常自豪，因为有很多是工业革命的产物，他们认为中国人一定会受宠若惊，甚至会被迷住。

结果到了行宫后，他们发现楼里摆放着许多挂钟和地球仪，这些东西的精美程度，让他们带来的礼品如同"小巫见大巫"，黯然失色。也就是说，这些工业品，中国人早就看到过了，而且更加精致。

陪同参观的官员还告诉他们，比起圆明园内西洋珍宝馆收藏的东西，这些都算不了什么。大家可以计算一下使团成员的心理阴影面积——真有难以言表的痛啊!

看到马戛尔尼把视线投向八音盒以及考克斯博物馆的精美藏品,陪同参观的乾隆皇帝宠臣福康安得意极了。他傲慢地问马戛尔尼,英国是否也有这些东西。马戛尔尼不置可否地回答,这些东西就是从英国运来的。福康安的脸色马上暗了下来,他感到十分扫兴。

由于福康安地位显赫,马戛尔尼想获得他的好感,于是邀请他观看英国使团警卫队准备已久的操练,但自以为是的福康安傲慢地拒绝了。他说,他对此毫无兴趣。马戛尔尼在当天的笔记里狠狠地把这个傲慢无知的家伙贬了一通:"真蠢!他一生中从未见过连发枪,中国军队还在用火绳引爆的枪。"

实际上,马戛尔尼不知道,像福康安这样的官员,在当时的清廷比比皆是,这种无知要一直延续到几十年后的鸦片战争。所以,后来当马戛尔尼穿越中国本土前往广州时,他看出那些宽衣大袖的国防军,并没有受过严格的军事训练,使用的又都是西洋早已抛弃了的刀枪弓箭之类落伍的武器。因此,忍无可忍的马戛尔尼对清政府作出了"巨人露出蓝袍下一双泥足"的评价。

大家可以清楚地看到,这两个国家,一个自大傲慢到无知的地步,一个处心积虑到阴险的程度,两者怎么可能一拍即合呢?

1793年10月,在一片混乱中,使团垂头丧气地离开北京。极度沮丧的马戛尔尼脸色阴沉,在队伍中一言不发。中国之行一无所获,开埠、通商一事无成,使团几乎是被赶出北京的,这让马戛尔尼无论如何也高兴不起来。唯一值得记上一笔的就是乾隆皇帝为了彰显"天朝上国"的大气,允许使团沿运河穿越古老的中国大地。

虽然,马戛尔尼再也找不到马可·波罗那样的旅游心境,也无法调整出像利玛窦那样的传教情怀,但能直观地了解这块古老大地上的风土人情,也让他聊以自慰。

使团副使乔治·斯当东男爵是马戛尔尼的挚友,有从事殖民外交的丰富经验。他13岁的儿子托马斯·斯当东也跟随使团来到中国。

他们所记录的杭州形象就明显同以前的西方传教士不一样:"杭州府位于运河盆地和钱塘江之间……南方货物由海运至钱塘江,以及由湖和江运来的浙江和福建的货物,一定得先卸在杭州而后运到北方各省,这自然促成杭州府成为一个联系南北各省的大商业中心。城内人口繁盛程度同北京差不多。除了城墙而外,全城没有高大的建筑。房屋很矮,没有高过二层的。街道狭窄,中心是板石铺路,两旁是碎石便道。城内主要街道上大部分是商店和货栈,其中许多规模之大不下于伦敦同类栈房。丝织品商店最多,也有不少皮毛和英国布匹商店。街道上往来行人非常拥挤,其中一部分固然是专门出来看外国人的,但大部分人都有本身的事务……"

托马斯·斯当东已经把杭州同历经工业革命之后的新兴城市伦敦作了比较。虽然杭州民生富足、商业氛围浓厚,但我们明显感觉斯当东的字里行间已经失去了马可·波罗、利玛窦一般对杭州的无限赞美,而是更加客观真实地阐述了杭州与世界新兴城市的差距。很可惜,当时绝大多数清政府官员还没认识到这个差距,间接造成几十年后鸦片战争的悲剧。

杭州之行还有一幕插曲,其中情节耐人寻味。1793

年 10 月 17 日清晨，天刚蒙蒙亮，三个身穿红色礼服、头戴高帽的外国人骑着高头大马绕着杭州的城墙，在城外狂奔。前面带路的是一个当地官员，后面跟着一个手忙脚乱的仆人。

这样的一幅画面让人感觉有点吊诡，城墙上的一些官兵看得目瞪口呆，不知发生了什么事。他们还没搞清发生什么事时，这几个人已经飘然远去。过了个把时辰，这几个人朝城门这里直奔而来，守城门官兵如临大敌，马上关闭城门。

原来这三个英国人就是马戛尔尼的使团成员，他们原定兵分两路，一路去舟山，一路去广州，但在分行李时分错了。所以他们一大早通知了使团的陪同官员，去码头把分错的行李拿回来。等到他们拿回行李后，使团的三位英国人认为再像去的时候那样绕城门外走太浪费时间了，所以希望能进城，从城里回使团驻地。但陪同的官员很有警惕之心，他认为让外国人穿行城内是不妥当的，所以偷偷叫一个人飞跑回来，通知先关上城门。

使团成员来到城门的时候，守城官兵推脱说，城门钥匙在长官手里，长官不在，所以无法开门。而城门的关闭时间是有规定的，只有晚上才能关，大白天关闭城门是十分突然的事。城内军队以为出了什么大事，马上动员起来做好了战斗准备。

一座中国名城，因为几个外国人的兴之所至，引发了一场无谓的大惊小怪，发人深省。杭州作为马戛尔尼使团出访的中转站，作为对外交往的一个窗口，当马戛尔尼使团掠过杭州时，不仅照出了清王朝的虚骄与自大，也照出了大清帝国这个"蓝袍巨人"的色厉内荏，此次引起的风波足够让我们三思。

十、西湖"题名景观",影响到日本和朝鲜

西湖景观经历了上千年的文化积淀和艺术创造,特别是经画作题名而成的"西湖十景"通过系列"四字景目"的题名设计手法,表达出观赏者在一种闲适生活和恬静心情下,追求人与自然"情景交融"的和谐互动意境,使景观具有了"禅境空明""诗情画意"和"天然图画"等东方园艺审美情趣,呈现出"无声诗、有声画"的特色。(中国建筑设计研究院建筑历史研究所《杭州西湖文化景观申遗文本》)

2011年6月24日,西湖成功申遗,成为我国唯一一处湖泊类的世界遗产。联合国教科文组织称,西湖是"世界文化景观的一个杰出典范"。若仅仅凭湖光山色,西湖可能不一定比瑞士日内瓦湖、意大利马焦雷湖更加漂亮,但作为一个将自然、人文、历史、艺术巧妙地融为一体的传奇宝库,西湖更富有人文内涵。尤其是西湖"题名景观"作为东方文化的典型代表,已经逐渐被纳入跨文化交流框架中。

1877年,黄遵宪被任命为驻日参赞官,随同中国第一任驻日公使何如璋出使日本。当时黄遵宪已经考中了举人,他的家人都反对他前往日本,而希望他继续考取进士。但是对外交行业情有独钟的黄遵宪放弃了科举仕途,毅然决然地前往日本。

在日本出使期间,黄遵宪积极倡导中日睦邻友好,对日本政府吞并琉球、侵略朝鲜等行径一直据理力争,加以抵制。闲暇时间里,他也经常会携带仆人,去京都

〔明〕周尚文《西湖全景图》(局部)

附近的公园走走，借以舒缓紧张的外交压力。

一日，他携带仆人黄平前往日本东京都滨松町附近的旧芝离宫恩赐庭园游玩。该园于日本延宝六年（1678）开建，历时8年建造而成，名为"乐寿园"，是旧时日本大名（类似中国古代的诸侯）的宅邸，明治维新以后归属皇室。

黄遵宪一行步入该园，只见园子不大，但非常精致。黄平一进门就问："相公，我们刚从大门进来，就能看见园林正中有一个景点，好像似曾相识啊？"黄遵宪顺着黄平的手指方向抬头一看，只见庭园中间是一个人工岛，岛上有两座小桥与陆地相连。岛虽然小了一点，桥

三岛三堤

也比较小巧，但很有点苏堤、白堤的味道。

　　黄遵宪虽然出生于广州，但也游览过杭州西湖，对西湖的园林景观颇感兴趣，有一定的研究。他问旁边正在打理花草的花工道："这连接陆地的堤，有名称吗？"花工抬起头，打量了黄遵宪一行人，问道："你们来自中国？"黄平抢着说："是的，这是我们主人。"

　　花工回答道："那你们就更应该了解了。园中这座桥就叫'西湖之堤'，就是以你们杭州苏堤为原型的。

你们看这座小桥的景观创意，也来源于杭州西湖的题名景观'断桥残雪'。"

黄遵宪等人一看，除了规模、意蕴稍逊之外，还真有杭州"断桥残雪"的味道。

对园林景观颇有兴致的黄遵宪追问了一句："难道西湖的园林设计理念和技术已经影响到这里了？"

花工解下系着的围裙，对黄遵宪说："看贵客气度不凡，想必也不是普通人。我也不是普通花工，而是设计师，今天偶有兴致来修剪一下花草。今天机会难得，我就同你们聊聊园林景观吧。"

黄遵宪等人连忙拱手致礼，找了旁边的条凳坐下来，黄平站在身后。

萍水相逢的设计师打开了话匣，他娓娓道来："日本模仿西湖特征进行园林造景设计早在镰仓时代（1185—1333）就开始了，到江户时代（1603—1868）最为兴盛。这段时期在东亚地区园林景观设计中，'西湖堤'作为一个文化象征性的景观要素，传播很广。日本的很多开放型景观、封闭型庭院，都会借鉴西湖的水面、湖堤、'西湖十景'、飞来峰等元素的表现手法，从而呈现出丰富的文化艺术形象。"

黄遵宪跟了一句："我前段时间刚去过福冈的大濠公园，看到那个公园的池子造型也很有杭州西湖的味道，难道也是模仿西湖景观而建的？"

设计师点点头说："确实如此。你可能还有印象，那个公园的主体是一个大池，池子周长约2公里，园内以一座桥连接4个绿意盎然的小岛屿，就是想模仿西湖三岛的格局。"

黄遵宪喟然长叹："看样子西湖景观不仅反映出中国的美学思想，更影响了世界的庭院设计啊。"

这段时间日本正打算侵略朝鲜，黄遵宪对这种侵略行为一直加以抵制，为此颇有身心俱疲之感。有此机会同旁人探讨一下园林景观问题，正是很好的调节身心的机会。他脑海当中还在考虑朝鲜问题，嘴中自然而然地说了出来："西湖景观对朝鲜的影响也这么大吗？"

"当然。你们西湖有大名鼎鼎的'西湖十景'，这种通过四个字一组的名称形成'四字景目'，已经深入人心了。西湖'题名景观'不仅在中国流行很广，而且后来传播至整个东亚。朝鲜的韩城府有'汉城十咏'，庆尚道有'大丘十咏'，公州市有'公州十景'；朝鲜诗人徐居正还写过《公州十景·西寺寻僧》的诗句呢。我们日本的横滨市也有'金泽八景'。"

黄遵宪边听边点头，他对设计师说："听君一席话，胜读十年书啊！作为中国人，我深感自豪。"他叫仆人黄平拿出一把折扇送给这位设计师以示谢意，双方拱手而别。

由8—10个四字景目组成一个景观系列，北宋之后就已出现。这种题名景观是中国的原创，是中国山水美学理念在景观设计上的杰出体现。我们现在去韩国、日本旅游，还能经常看到类似的景观题名。

济州岛是韩国最大的岛屿，位于韩国西南海域，也是一个旅游胜地。为了让游客们更好地记住景点，也为了更好地吸引游客眼球，济州岛旅游部门也制定了"瀛洲十景"，明显具有"西湖十景"的风范，我们可以从名字上加以感受：城山日出、古薮牧马、鹿潭晚雪、正房瀑布、橘林秋色、瀛丘春花、纱峰落照、山房窟寺、山浦钓鱼、灵室奇岩。

西湖题名景观不仅在世界景观园林设计史上有显著影响，在中外文化交流史上更是具有突出贡献，真可以说是"源自天壤，惠及天下"啊！

参考文献

1. [意]利玛窦、[比]金尼阁:《利玛窦中国札记》,何高济等译,中华书局,1983年。
2. [意]利玛窦:《耶稣会与天主教进入中国史》,文铮译,商务印书馆,2014年。
3. [明]李之藻:《浑盖通宪图说》,中华书局,1985年。
4. [明]杨廷筠:《刻〈西学凡〉序》,载徐宗泽编著《明清间耶稣会士译著提要》,中华书局,1949年。
5. 徐宗泽编著:《明清间耶稣会士译著提要》,中华书局,1949年。
6. [意]卫匡国:《鞑靼战纪》,何高济译,中华书局,2008年。
7. [意]路易吉·布雷桑编著:《西方人眼里的杭州》,姚建根译,学林出版社,2010年。
8. 张环宙、沈旭炜编:《外国人眼中的大运河》,杭州出版社,2013年。
9. 衷尔钜:《中日文化交融的先驱:陈元赟对日本文化的贡献》,《时代与思潮(5):文化传统辩证》,1991年。
10. [荷]高罗佩编著:《明末义僧东皋禅师集刊》,商务印书馆,1944年。
11. [日]伊庭孝:《日本音乐史》,郎樱译,人民音乐出版社,1982年。
12. [英]斯当东:《英使谒见乾隆纪实》,叶笃义译,上海书店出版社,1997年。

第七章

观交往，你来我往是方向

明末清初，"西学东渐"，耶稣会士纷纷入华传教。作为明末对外交往的重镇，杭州谱写了许多动人的乐章，在中欧两大文化系统首次大规模直接交流和碰撞中扮演了举足轻重的角色。

利玛窦、卫匡国、金尼阁等人不仅把西方的天文、历法、数学、地理等知识传入中国，掀起了西方科学和文化知识进入中国的高潮，更在中国培养了一大批能与他们直接交流、对话的文人学者，如徐光启、李之藻、杨廷筠等。正是他们之间天衣无缝的合作，让国人进一步了解了世界，懂得了科学，知道了差距。

作为大运河南端的货物集散地，清代的杭州，海路照样通畅，物产仍然丰富，对外交往依旧繁荣。以杭扇、张小泉剪刀为代表的杭州工艺品因制作精良，驰名中外。

鸦片战争以后，上海逐渐成为中国最大的对外贸易港口和最大的城市，杭州毗邻上海，也最先成为原料产地和国外输入品的销售场所之一。此时的杭州，受到海外文化的影响，逐渐形成了具有一定开放、开拓色彩的文化特色。

这个时期的交往可以用你来我往来形容。鸦片战争后，清政府先后与西方多国签订了一系列不平等条约，被迫开放通商口岸，尤其是允许外国人居住、贸易并传教，促使大批西方传教士、官员、旅游家、摄影师、记者涌入中国。这些西方人士大多亲身来过杭州，在杭州生活过几年、几十年，甚至有出生在杭州、大半辈子生活在杭州的。他们留下的日记、书信、游记、回忆录、考察报告、旅行札记、社会调查、照片、绘画等作品，记录了杭州对外交往的真实瞬间，成为我们研究杭州这个时期对外交往的宝贵资料。

他们的著作在西方出版后，成为西方人记录"杭州经验"的历史资料，对形成西方人士的"杭州印象"产生了一定影响。随着国人日益开眼看世界，杭州成为率先向西方学习的地区之一。许多杭州人开始走向世界，去求学、去经商。杭州对外交流的日渐频繁，使杭州对外交流的音符越奏越响。

一、在中国 60 余年的丁韪良

杭州在十三世纪时曾经是南宋王朝的都城，至今这个省会城市仍然保留了当时皇城宏伟的遗迹。西湖周围点缀着无数亭台楼榭、睡莲荷花，颇有皇家风范；在漫长的城墙环绕之内可以见到山丘和溪谷；整个城市居高临下地雄踞和俯视着一条大江广阔的入海口岸边的海堤——所有这些都赋予了这个城市一种高贵庄严的魅力。（［美］丁韪良《中国觉醒》）

在美国传教士丁韪良的眼里，19 世纪的杭州还是保持着皇城的模样。亭台楼榭、睡莲荷花，西湖的原生态风光秀丽；宽阔的大江、宏伟的城墙，散发着这个城市

丁韪良像

的古风。这是丁韪良对杭州的第一印象。

丁韪良与杭州的缘分，说来还有一段故事。他在中国居住、传教期间，家里一直宾客盈门。常有国人怀着对西学的向往，上门向他求教。其中有个姓朱的杭州人，是一个家境殷实的当铺老板，也是一位道教徒。他听说丁韪良信奉天主教且学问很深，就特意远道赶来请教，希望能解决一些信仰问题，获取新的宗教思想。

朱先生跟丁韪良深谈之后，反而陷入了新旧宗教思想的碰撞当中。他觉得天主教教义有一定的道理，因为他从基督身上找到了"道"的最新证明。但他还不能决定是否放弃原来信奉的神。于是，两人分手时，他主动邀请丁韪良派人到杭州去传教，希望自己能更多地接触天主教、了解天主教义，同时答应尽力提供帮助。

丁韪良欣然答应，立即派了两名中国传教士前往杭州。朱先生也实现了自己的诺言，凭借自己殷实的家境，给了他们多方帮助。两位传教士回去后，向丁韪良汇报了传教情况。正当丁韪良打算再次派传教士前往杭州传教时，却得知朱先生已经不幸过世。熟谙"上有天堂，下有苏杭"谚语的丁韪良决定亲赴两地，一则完成传教使命，二则可以借机考察当时中国最好的两个城市——杭州与苏州。

于是，丁韪良和几个欧洲教友请到过杭州的两个传教士带路，一起前往杭州。不承想，一进入杭州城，就有一群男孩跟在他们身后，边跑边喊"倭贼来了，倭贼来了"。

丁韪良虽然在中国居住多年，且熟谙汉语，善操方言，但突然之间听到小孩子用方言在叫，一下子没听懂是什么意思，感觉很好奇。

丁韪良问身边的中国传教士："他们在叫什么？"身边的传教士回答："这里可能很长时间没有来过欧洲人，他们在叫'日本人来了'！哈哈，他们把我们当成侵扰中国沿海城市的海盗倭寇了。"

丁韪良尴尬一笑。当然，他也没有过多时间沮丧，因为杭州西湖的美景已经牢牢地吸引了他的目光。

他发现西湖的沿岸有众多的宝塔和寺庙，这与他以前看到的关于杭州西湖的描述比较接近。当他们路过湖边的一个寺庙时，发现此处山拥水抱，风景优美。丁韪良看看天色已晚，示意中国传教士去寺里联系一下，问是否可以在这里过夜歇脚。

寺里的和尚看到这么多穿着打扮明显不同的人进入寺庙，一开始十分紧张。几个和尚连忙去请示方丈，方丈听说是借宿的欧洲教友，虽然信仰不同，但最终还是答应了。

第二天一早，丁韪良一行离开寺庙。临行前，他们前往方丈室与方丈告别时，明显感觉到方丈以及旁边庙里的和尚都大大地松了一口气，估计他们到现在还没想明白这是些什么人，为什么要到寺庙里住宿……

杭州的教会活动与发展情况让丁韪良深感满意，在与当地教友开展了几次活动后，丁韪良也想进一步去杭州周边走走看看，以加深对杭州的印象。一位当地教友同他说："来杭州除了看西湖，还真应该去看看钱塘江。这段时间钱江潮水很大，潮水雷鸣般地涌入钱塘江，它

钱江一字潮

掀起的浪看上去就像是一道水墙,我们抽空去看看吧。"丁韪良说道:"我也听说过钱江潮,我还研究过潮水形成的原因呢。"

当地教友愣了一下,问道:"潮水难道不是伍子胥这个潮神发动的吗?"丁韪良摇了摇头,说:"钱江潮是由杭州湾的特殊地形构造形成的。由于这个漏斗状的海湾潮位出奇地高,每月两次,初一或十五的时候,太阳和月亮的吸引力刚好在同一方向,海水便咆哮着冲向岸边,形成了潮汐。"

一起听丁韪良讲话的人都张大了嘴巴,第一次听到这样的解释,他们似信非信。丁韪良点点头说:"你们以后就会明白,这就是科学。我们还是先去看看潮水吧。"

几年以后,丁韪良对钱江潮还是念念不忘,他在《花甲忆记》中写道:"加尔各答的胡格利河潮汐也许更加有名,而芬迪湾的潮位更高;然而钱江潮是如此的与众不同,以致在十月份潮位最高的时候,当地的执政官员们会向它磕头烧香,因为他们相信潮水预示了海神的降临。"

丁韪良作为一名美国基督教长老会传教士,在中国生活了60多年,是一个见多识广的人。可以说,他的足迹遍布中国大江南北,接触了从乞丐到皇帝等社会各阶层的人物。他所翻译和写作的大量著作与文章,成为研究晚清时期中国历史的重要资料。在这些作品中,尤以对杭州和西湖、钱江潮的描述最为直观、最为感人。这说明"天堂之城"和雷霆万钧的钱江潮水,已经深深地铭刻在他的头脑之中,挥之不去。

我们现在虽然对丁韪良的评价仁者见仁、智者见智,但他对杭州、西湖的记录还是值得肯定的。尤其是他曾长期担任中国京师同文馆和京师大学堂的负责人,在中国近代教育的酝酿和形成过程中,扮演了一个重要角色。

二、能将《圣经》翻译成杭州方言的慕雅德

> 在渡船快要到达码头的时候,我突然想起了把杭州和苏州(邻省江苏的首府)比作天堂的两句中国谚语"上有天堂,下有苏杭"。一点没错,在这个温暖的初夏午后,我从远处瞭望杭州,真的就像窥见了天堂的一角。([英]慕雅德《中国:在华三十年的观察和回忆》)

来杭州的传教士有不少,知道"上有天堂,下有苏杭"谚语的人也不少,但很少有外国人能用如此诗意的语言来描绘他刚到杭州时的感受——"真的就像窥见了天堂的一角"。"窥一斑而能见全豹",天堂的一角足以让慕雅德惊叹不已。如果真的有天堂,天堂就应该像杭州一样,这应该是英国传教士慕雅德的心声。

1865年5月的某一天,初夏的阳光洒满通衢的大道,给人以暖洋洋的感觉。渡船摇摆着行进在运河上,慕雅德坐在船上观看着周边的景色,任由思绪翻滚:他出生于英国传教士家庭,父亲亨利·慕尔是英国多塞特教区的牧师,兄长慕稼谷是英国圣公会传教士,圣公会中东第一教区的第一主教,慕雅德就是1861年跟随自己的哥哥慕稼谷到中国传教的。经过一段时间的努力,此时的慕雅德已经被任命为副主教兼华东教区秘书。因为哥哥回国休假,慕雅德被教区由宁波招到杭州,代理主教之职。要到一个完全陌生的城市挑起主教的职责,慕雅德还是感到一阵阵的压力。

慕雅德

第七章 观交往，你来我往是方向

对于杭州，慕雅德还是有一定了解的。在到杭州前，他做过一些功课。他知道，杭州曾是南宋的都城，它的位置比另外一个南部的都城南京更优越，是一个远近闻名的城市。他在船上远眺，发现杭州仍然称得上庄严，建筑物依然是由黄色的砖砌成，周围的小山、河流和湖泊，旖旎中透着些威严。

慕雅德搭载的是一艘住家船，船主夫妇比较健谈，看到能讲一口宁波方言的外国传教士也觉得很稀奇。他们与慕雅德一家很快就熟悉了，大家无话不谈。在从宁波前往杭州的途中所发生的一幕让慕雅德记忆犹新。

与英国不同的是，在慕雅德所经过的中国河流上都没有设置水闸，如果船要从一条河转到另一条河，就得用人工或牛力把船只从河里拉上一处叫"坝"的高耸堤岸，然后再把船只从高处推进一条泥泞的滑道，滑入另外一条河流。船只像滑滑梯一样滑向河流，让他大开眼界。

船只到了钱塘江对岸的西兴港，船主夫妇告诉慕雅德，我们必须分手了。因为，从西兴到对岸的杭州需要换船，住家船不能进杭州，要换成钱塘江上摆渡的平底帆船。慕雅德与船主夫妇依依惜别。

换乘平底帆船过钱塘江时，江对岸一座雄伟的宝塔首先映入眼帘。慕雅德发现离杭州城墙大约四英里的地方，耸立着那座著名的宝塔。做过功课的慕雅德知道，这座塔建于公元 970 年，就是赫赫有名的六和塔。看到塔就意味着离杭州城不远了，等到从城门口进入时，慕雅德发现杭州的城墙让他难忘。

多年以后，慕雅德在他的著述中还有一段详细的评述："在唐朝的公元 891 年，杭州最古老的城墙（始建于隋朝的公元 606 年，全长 36 里或 10 英里）被扩建到了 70 里或 20 英里。在 12 世纪的南宋时期（1159），杭州的城墙似乎又继续扩建到了全长 100 里（按照马可·波罗的说法）或 30 英里，到了 14 世纪中期继元朝之后的明朝，它们又被缩短到了 12 英里或恢复到跟最初的城墙差不多的长度。"这段记录如此详尽而又专业，显示出了慕雅德深厚的学识素养，成为杭州历史研究和对外交往探索的珍贵资料。

"怀着一种敬畏的心情，我们穿越了一座巨大城楼的阴影，进入到杭州城内。城门下高耸的圆形拱门洞高达 25 英尺，用城砖和花岗岩垒成的城楼上面筑有胸墙和炮眼，城楼的最上层是卫兵驻守的楼阁，这是一个朝南的宽敞大厅，朝北墙上的窗户都已经被封死……"这种生动而又具有细节的描写，真的是非常少有的。

到了住所安顿下来，休息了两天以后，慕雅德带了几个教士前往传教场所。他深知自己的任务繁重，不敢懈怠。当他一路上与当地民众交流时，却发现语言问题是传教的主要障碍。

杭州方言是非常有特色的，慕雅德认为杭州方言依然是官话的变体形式，非常好听，但他一下子根本听不懂。当然，这难不倒喜欢做学问的慕雅德。当初他刚到宁波时，也是由于听不懂宁波方言，影响了传教工作。因此，他立即开始学习，最终会说一口流利的宁波方言。这一次，慕雅德更有信心了。

学方言，慕雅德是认真的。他不仅认真研究杭州话发音的特点，还经常与当地人交流，不久，他就熟练地掌握了杭州话。为了让杭州当地百姓能尽快理解天主教教义，他还用杭州白话翻译了《圣经》中的《新约》章节。

学方言、用方言成为慕雅德融入当地文化的一个有效手段。有一幅描绘了一个小村庄的油画，画中山峰连绵，巨岩峭壁，溪流绕山脚流淌，蜿蜒有形，溪水浅滩，两棵古柳伫立溪岸，树旁有一条小路，很有富阳壶源溪的特色。

研究者普遍认为，这幅画的作者就是慕雅德。他不仅来过富阳，估计也积极地向村里人学说过当地方言，而且已经基本掌握。因为油画上有 Wangdza 的签名，而富阳方言把横（héng）念成"wáng"。走到哪里，学到哪里，看样子已经成为慕雅德的习惯了。

辛苦传教之余，慕雅德也会去杭州的著名景点走走看看，钱江潮也是让他难以忘怀的著名景观之一。与其他人不同的是，身处工业革命时代的慕雅德对钱江潮的描述中更多地融进了科学的思想，更多地让读者感受到雄伟、壮观的钱江潮背后所蕴含的科学道理。

慕雅德不止一次看到过钱江潮掀起的高达 20—30 英尺的浪头，使停泊在江边的大小船只时而左右摇晃，时而颠簸不已。潮水喷珠吐沫就像是急速奔腾的披鬃骏马，形象的比喻，仿佛潮水就在我们眼前飞溅。

在描述这一现象的同时，慕雅德还告诉大家，从外海吸入的巨浪是钱塘江潮水的主体。从扬子江（长江下游河段旧称）入海口流出的水汇入杭州湾，对钱江潮起了推波助澜的作用。钱塘江河道的狭窄和入海口漏斗形的独特地理构造是钱江潮猛涨的诱因。如此专业的解读，是不是让身处现代的我们也接受了一番科学的洗礼？

杭州是慕雅德在华生活的主要一站，据记载，他在宁波、杭州和上海一带前后传教长达五十年，他的好几

慕雅德所摄钱塘江上船只

个儿女都出生在杭州。他还是一位摄影师,在杭州期间,拍摄了许多珍贵照片。这些照片绝大多数散见于《中国:在华三十年的观察和回忆》和《在华五十年》这两本书中。

慕雅德还是一位有正义感的传教士,在他编著的《鸦片问题——关于英国鸦片政策的回顾》《鸦片的用途及其对基督教传播的影响》等书中,他不仅记录了杭州一次就将8000多杆收缴的烟枪集中焚毁的轰轰烈烈的禁烟运动,还强烈批评和谴责鸦片交易,公开称鸦片贸易是"基督教罪孽""基督教耻辱"。他上书英国政府,要求禁止向中国出口鸦片,是仅有的几位要求禁止向中国出售鸦片以杜绝无数中国人陷入苦难的传教士之一。仅凭这一点,慕雅德就应该获得我们的认可与尊敬。

三、详细考察过杭州御街的盖洛

在这条大街上,人们可以买到跟后面那座城隍山那么古老的罐头牛奶。用泥土和盐巴腌制的松花蛋每个要卖19文,而新鲜鸡蛋则每个标价15文。我们还走过一些服装店,那里面出售天朝子民所穿的那种袖子奇长的蓝褂子;又走过一些放着脸盆和毛巾的剃头铺。最令我称羡的是一家灯笼店,这家店用羊角制作灯笼,做这种灯笼需要五六个工人,每人月薪在15至16元之间,再加上老板的米饭。工匠们从上海买来山羊角,加工磨光之后,用烧红的夹子把它们焊接成一体,整个制作过程中,工匠表现了高超的技艺,令人目不暇接。([美]威廉·埃德加·盖洛《中国十八省府》)

这可能是我读过的最有生活味、最富有社会情趣的记述了。没有走过中国的大街小巷,不了解杭州的风土人情，肯定没有这么细致的笔触描绘这条大街，肯定不能有如此细腻的观察来展示这座城市的风貌。看了这段文字，读者们会很惊讶：这描绘的是哪一条大街？这个记录者到底是谁，他同杭州又有怎样的关系？

写出上述这段翔实文字的是威廉·埃德加·盖洛，20世纪初美国一位著名的旅行家和地理学家。拥有专业的地理知识，对中国的历史文化又抱有浓厚兴趣的盖洛，可以说是他那个时代阅历最丰富的旅行家之一，曾四次到中国长途旅行，对中国的长江、长城、十八省府和五岳进行了广泛而深入的考察。

盖洛之所以把考察的重心放在中国，关键原因在于他具有政治敏锐性。他意识到20世纪初的中国，将会发生巨大的社会变革。

为了更多地考察和记录中国社会各阶层的新变化，厘清中国社会大变革的来龙去脉。盖洛不仅在1911年前对中国内地的十八省府进行了广泛而细致的考察，还大量收集中国的地方史志资料，对各省府的历史掌故进行介绍，并和西方城市发展作对比，为我们展现了20世纪初清朝灭亡前夕真实的社会图景。盖洛的主要专著有4部，即《扬子江上的美国人》《中国长城》《中国十八省府》《中国五岳》。

1909年的杭州御街（今中山中路）上人来人往，一个身穿黑色西服，带着一副金丝眼镜，看上去文质彬彬的西洋旅行者正徜徉在这条古老的大街上。他不断地东张西望，对街上的许多事物都非常感兴趣。只见他时而掏出相机，对着感兴趣的物件一阵猛拍；时而拿出一本本子，在上面狂写一番；时而拉住一些行人，用他那半生不熟的半吊子中国官话问一些他感兴趣的问题。

他就是美国旅行家盖洛，这是他第三次访华。早在1903年和1905年，他在前两次访华中，分别考察了长江流域和长城，但都没有来到杭州。这一次，他的朋友费佩德教授邀请他来到杭州，并向他推荐了了解杭州普通老百姓生活最好的地方——御街。不曾想，这御街一走就让他欲罢不能了。

御街上的生活气息真的十分浓厚，城门旁的一个小帐篷引起了盖洛的兴趣。他钻进去一看，原来里面是一个算命先生。为了深入了解中国的民俗风情，盖洛掏出了十二个铜板作为报酬，请算命先生为他算命。

算命的程序让他印象深刻，算命先生拧了他左耳朵三下，右耳朵两下，在他鼻子上至少敲了七下，估计是要好好地给盖洛看看面相。但算命的结果却让盖洛哭笑不得。算命先生说他的妻子活得很好，孩子们全都平安无事，并且具有当官的特质，而实际上盖洛还没有结婚。所以当他把真实结果告诉算命先生的时候，算命先生呆若木鸡的样子让他觉得十分可笑。我们现在都还能够感受到那个算命先生谎言被戳破的尴尬。

盖洛继续沿着御街朝前走。他来到一个富丽堂皇的店铺时，被一个显眼的招牌吸引了，上面写着"庆余堂"三个字。招牌下面是一个垂直型的门楼，都用镶嵌在墙上的方形瓷砖砌成，给人以繁荣兴旺的感觉。进入门楼后的通道里挂满了写着金色字体的招牌，宣扬该药堂所有中药的神奇功效。金字招牌的下面摆放着盛满中药的大坛子。店铺内人来人往，生意兴隆。

对于中药的特点盖洛并不十分明了，但中药的名称却让他过目难忘。他发现"十全大补丸"是用十种药品制成，自然可以作为普通的滋补药品；"六神丸"有补脑安神的效用；"千金丹"是专门针对少女的，因为汉语中的"千金"就是少女的美称。

当他走进药铺的时候，发现总店里圈养了两百头鹿，每头鹿都养在一个狭窄的围栏之内，吃桑叶，喝木槽水，睡在围栏后面隆起的一块木板上。等到夏天，鹿就会长出新的鹿茸。到了冬季，鹿茸就会被锯下来做成中药。用这种方法，随时可以得到新鲜的原材料。

司徒雷登的父亲司徒尔博士曾与这个大药堂的创始人胡雪岩有过一段交情，后来他告诉盖洛一个传奇故事：胡雪岩原是一个钱庄的学徒。有一次钱庄着火，其余的伙计都逃走了，只有年轻的胡雪岩坚守岗位，留了下来。钱庄老板为了报答他，便给他升了职，他很快就发迹了。后来，他开办了这家药铺，并很快使这家药铺成了中国最大的药店。

胡庆余堂

盖洛在杭州御街的考察，留下了许多有趣的记载。可以说，御街之行不仅让他感受了杭州的风土人情，还让他熟悉了许多杭州故事，让他有不虚此行的获得感。

盖洛在杭州还详细记录了钱塘潮的盛况："在与新奥尔良处在同一纬度上的中国东海岸有一个宽阔的海湾，其喇叭口骤然变窄之后便转向了南面。每逢潮汐季节，当来自太平洋、宽达 60 英里的海浪迅即变成了 10 英里宽时，浪头便层层叠叠，达 10 英尺高。一条为防护陆地被潮水淹没而修筑的海堤更是起了推波助澜的作用。从海堤上反弹回去的浪头在第一道水墙之后又形成了第二道水墙，甚至比前者还要高出 5 到 15 英尺。这两道巨大的水墙以每小时 13 英里的速度从海湾向西推进，潮水发出的咆哮堪与尼亚加拉瀑布下的雷鸣声相媲美。假如古埃及的法老将其所有的军队在沙漠上摆开阵势，其战车的隆隆声恐怕也比不上这儿潮水的轰鸣。"

钱塘江畔

同样是描述钱江潮，同样是感受钱江潮，盖洛的描述绝对更有身临其境感，绝对更有地理专业感。

他在杭州留下了很多难忘的记忆。走遍中国十八个省府的盖洛，十分欣赏杭州发达的水系。细心的他发现杭州有五个城门的名称跟水有关：清波门、候潮门、望江门、钱塘门和涌金门。走南闯北、阅历丰富的盖洛还发现了杭州运河与荷兰的不同。荷兰的运河主要被用来排除低洼地的积水，而杭州的运河不仅为灌溉提供了水源，而且保障了有效的运输。

杭州运河的运输十分繁忙，交通也十分顺畅。因为河边的农民们十分珍惜肥料的价值，经常疏通河道，用河泥来肥沃农田，很少把运河用作排污的下水道，所以大运河始终是中国东部沟通内河、联系海港的南北水运交通干线，兼有灌溉、防洪、排涝之利。

四、出生在杭州的美国大使司徒雷登

美国的白皮书，选择在司徒雷登业已离开南京、快到华盛顿、但是尚未到达的日子——八月五日发表，是可以理解的，因为他是美国侵略政策彻底失败的象征。司徒雷登是一个在中国出生的美国人，在中国有相当广泛的社会联系，在中国办过多年的教会学校，在抗日时期坐过日本人的监狱，平素装着爱美国也爱中国，颇能迷惑一部分中国人，因此被马歇尔看中，做了驻华大使，成为马歇尔系统中的风云人物之一。（毛泽东《毛泽东选集》第四卷《别了，司徒雷登》）

由于毛主席的这一篇文章，"司徒雷登"成了声名狼藉的代称，成为一个失败的符号。这是一个令人情感

复杂的人物，一个出生在杭州的美国大使，一个曾说自己"是一个中国人更多于是一个美国人"的洋人。历史学者林孟熹曾说，整个20世纪，大概没有一个美国人像司徒雷登博士那样，曾长期而全面地卷入中国的政治、文化、教育各个领域，并且产生过难以估量的影响。

他到底有怎样的人生体验？他到底是一个怎样的历史人物？我们应该走近司徒雷登，回顾当时的年代，看看他到底是一个什么样的人。

1876年6月24日，杭州耶稣堂弄的一所传教士住宅里，一声婴儿啼哭打破了寂静。来自美国的传教士司徒约翰（杭州人叫他司徒尔）和他妻子玛丽的第一个孩子出生了，这个孩子就是司徒雷登。得知自己的第一个孩子是男孩而且身体健康，司徒尔高兴得难以言表，他走进产房，亲吻自己的妻子，同时细心地打量自己的第一个孩子，真心觉得这是上帝赐予的最好礼物。

几年以后，经过耶稣堂弄的杭州本地人经常能看到稀奇的一幕：一个穿中式服装的洋人小孩，操着一口流利的杭州话，和当地的一些小孩玩成一片。这就是童年时代司徒雷登的生活常态。要知道，从小出生并在杭州长大的他，首先会说的语言不是英语而是杭州话。更奇葩的是，他11岁回美国弗吉尼亚州上学时，在那里受到了歧视，因为那里的小孩讥笑他是"不会说英语的怪物"，隔着文字我们也能感受到司徒雷登的痛。

司徒雷登其实很有语言天赋。他学过上海、宁波、苏州等地方言，但对杭州话情有独钟，连讲话都带有浓浓的杭州口音。有一个传闻能说明这个杭州通的杭州话水平。有一次，他到河坊街一饭庄吃饭，点菜时对伙计说："件儿要瘦，肥了倒胃。木朗豆腐多放胡椒，要烧得入味。响铃儿要熬稍。"我们能够想象伙计当时脸上的表情和内心的独白："我是不是见鬼了？这个老外的杭州话怎么说得比我还地道？"

1904年底，一个20多岁的年轻洋人徜徉在耶稣堂弄，一个年轻貌美的女孩紧靠着他的肩膀。只见那个年轻男孩用一种我对这里很熟的神情，指指点点地给女孩介绍着沿途所见的一切，女孩听得一脸的崇拜。

这是28岁的司徒雷登携带着新婚的妻子回到中国。为了让妻子更能了解中国、融入中国，他还给妻子取了个中国名字，叫路爱玲。1906年，司徒雷登的独生子杰克在杭州出生，父子二人都出生在杭州，同杭州是多么有缘。

此后，司徒雷登在杭州生活了三年半。他的身份是湖山堂牧师，经常外出传教，并在弘道女中等教会学校任教。司徒雷登还参与了之江大学的筹建工作，是大学董事会的成员。后来，因为工作关系，他离开杭州，但中间一有机会就会返回杭州。

离开杭州的司徒雷登也有一些值得记述的事。1918年下半年，美国南北长老会正式向司徒雷登下达了筹办"一所新的综合性大学"的命令。因此，创办燕京大学就成为他在中国的主要事迹之一。

在司徒雷登出任燕京大学校长期间，他募捐到250万美元，这成为燕京大学的主要经济来源。他与段祺瑞、冯玉祥、梁启超等中国的军阀、政客、名流皆有交往。同时，司徒雷登全力聘请名师到学校执教。在他的努力下，燕园之内可谓是名师云集，俞平伯、冯友兰、郑振铎、陈垣、顾颉刚、张东荪等名宿纷纷入校任教，培养出了雷洁琼、

蒋兆和所画的司徒雷登水墨画像

第七章　观交往，你来我往是方向

冰心、费孝通等著名学生，真是名师出高徒。

司徒雷登接手燕京大学时，只有五间教室、三排宿舍，一间厨房、一间浴室、一间图书室、一间教员办公室。十多年后，燕京大学成为中国规模最大、质量最高、环境最优美的大学，跻身"世界知名大学"之列。

"九一八"事变后，司徒雷登强烈谴责日本侵略者的暴行。他带领数百名燕大师生走上街头游行，在队伍最前方高呼"打倒日本帝国主义"的口号。抗战期间，他被日本侵略者囚禁了近4年时间。日本人很不理解，曾逼问他：为何要帮助中国人？司徒雷登真正体现了他的中国情怀。他说，帮助中国人，是因为信任他们。

1946年10月，新任美国驻中国大使司徒雷登最后一次回到杭州。当时的杭州市市长周象贤授予司徒雷登杭州市荣誉市民的证书，并向司徒雷登赠送象征荣誉市民的金钥匙，这把金钥匙如今陈列在杭州司徒雷登故居。在会上，司徒雷登深情地讲道："我是生在杭州的，所以杭州是我的故乡。不过我已十多年未到这里了，我认为西湖是世界上最美丽的地方了。"

这一次杭州之行，是司徒雷登与杭州的最后告别。在杭州的几天时间里，他去九里松祭扫了父母和兄弟的墓地，与燕京大学的校友一起泛舟西湖。在船上，有着深厚中国文化积淀的他遥指雷峰塔的方向，向同行者描述了雷峰塔未倒塌时的夕照美景和它背后的文化故事。10月21日，司徒雷登离开杭州，这一走成为永别。

逃离中国的司徒雷登在美国的日子也并不好过。美国政府不给他任何养老保险，美国国务院向回国的司徒雷登下达三个不许的禁令：不许演讲，不许谈美中关系，

第七章 观交往，你来我往是方向

司徒雷登塑像

不许接受记者采访。曾为驻华大使的司徒雷登晚年生活穷困，借住在他的助手傅泾波在美国的家中，每月靠教会补贴的600美元度日。但作为一个在中国生活50多年、在杭州生活10多年的美国人，他对中国、对杭州的感情却是有增无减。

晚年的司徒雷登常常望着中国的方向，卧室里四处挂着燕京大学的照片。他在回忆录中写道："精神上的缕缕纽带把我与那个伟大的国家和伟大的人民紧紧联系在一起。"1962年9月，司徒雷登在华盛顿悄然去世。他在遗嘱中表示，将当年周恩来送给他的一只明代彩绘花瓶送还给中国，并将他的骨灰送回中国。

美国大使的职务给司徒雷登带来的不是荣誉，而是耻辱。司徒雷登不知道，套上了这个枷锁，就等于绑上了美国霸权主义的战车。当新中国蓬勃崛起的时候，别了司徒雷登，等于别了美国的侵略时代，别了中国人民受歧视、受欺辱的历史。从这个角度看，司徒雷登失败者的标签、反动派的帽子得之不冤。当然，历史的和风也必然会拂去一些沾染在他身上的尘埃，还他以本来的面目。正如当代文化学者傅国涌说的那样："历史有些页码是永远翻不过去的，司徒雷登无疑就属于这种翻不过去的，历史的深处自有他的位置。"

杭州实际上也没有忘记这位故人。1946年9月9日，杭州市路名委员会决定把耶稣堂弄易名为司徒街；1985年，司徒雷登故居列入杭州市文物保护点；2004年12月，杭州市园文局将司徒雷登列为十大杭州名人；2005年6月6日，基本照原样修复的司徒雷登故居正式对外免费开放；2006年，耶稣堂弄列入杭州市特色类改善道路，司徒雷登故居周边的环境得到了显著改善。

2007年1月8日，一座司徒雷登铜像矗立在杭州中山北路的耶稣堂弄口故居前，故居已成为司徒雷登纪念馆，我国前外交部长黄华（原燕京大学毕业生）为司徒雷登故居题写匾名。司徒雷登故居、天水堂、司徒雷登铜像和司徒约翰当年亲手栽种的银杏树、榉树构成了独特的人文历史景观。

2008年11月17日，在多方努力下，司徒雷登的骨灰安葬于杭州安贤园的文星苑，墓碑上刻着"司徒雷登，1876—1962，燕京大学首任校长"的字样。美国驻华大使雷德专程赶到杭州出席了安葬仪式，他在致辞中称司徒雷登是"杭州的儿子"，并感慨地说："如果司徒大使地下有知，看到今天中美两国关系的发展和两国人民的友谊，我确信他会非常高兴的。"

司徒雷登说过，解决好中美关系是对世界和平的贡献。

五、编著过杭州英文旅行指南的费佩德

费佩德是一名传教士，他不辞辛劳，以非常简陋的交通工具，冒着随时都会遇到的不测事件和生命危险，走遍了大江南北的山山水水，并用照相机为工具，忠实地拍摄和记录了清末民初中国社会的方方面面，从而为我们留下了一份珍贵的历史遗产。（沈弘、[美]罗伊·休厄尔《天城记忆：美国传教士费佩德清末民初拍摄的杭州西湖老照片》）

费佩德出生于上海的一个著名的美国传教士家庭，同司徒雷登等人一样，也是一个中国通。他在中国生活了长达五十余年，足迹踏遍大江南北的许多省份。走遍千山万水的费佩德，还是对杭州情有独钟，他不仅把家安在了杭州，还在西湖边上买了房子，推开楼上的窗户，美丽的西湖以及隔湖相对的保俶塔、雷峰塔尽收眼底。

费佩德的女儿珍妮特就出生在杭州，小时候还被费佩德送去西泠印社学习绘画和书法。据说，宋美龄的一本与中国相关的著作中的插图，便是请珍妮特画的。对费佩德来说，西湖就是自然的馈赠，杭州就是丰富的宝库，

费佩德

他必须用自己的方式，把美记录下来，传播出去。

1910年秋天，陌上的花草已经渐显枯黄，路上落叶缤纷，给大地点缀了不同层次的色彩。杭州的秋天，总是阳光明媚。西湖的湖水起伏荡漾，让湖边的人们心情舒爽。但是，路边的行人发现了让人揪心的一幕：一个中年洋人，手拿一只照相机，在三潭印月边的小岛上爬上爬下，险象环生，看得大家提心吊胆。

有路人实在看不下去，对着洋人问了一句："你在干什么？要小心啊！你这样太危险了。"只见那洋人操着一口流利的汉语，对路人表示感谢，并说他想拍一张理想的雷峰塔照片，他会注意安全的。路人看他这么执着，只好一边摇头，一边走开了。这人就是费佩德，他为了拍出理想的照片，经常不顾危险，甚至会反反复复地选择最佳的拍摄时机和角度。

这次，他为了拍摄雷峰塔的照片，不知去过了几次柳浪闻莺，去过了几次三潭印月，终于拍出了理想的效果。他从各种不同的角度，拍摄了雷峰塔的照片，留下了许多张雷峰塔的倩影。我们很多人都学过鲁迅先生的《论雷峰塔的倒掉》这篇杂文，1924年9月25日下午一点左右，这座千年古塔轰然倒塌，令世人深感震惊，"雷峰夕照"成为历史的陈迹。

虽然，雷峰塔已经重建，但金碧辉煌的现代感总让我们感觉历史味的缺失，难让我们体会到夕阳映照的画面。因此，我们还真应该感谢费佩德的执着，正是他这种精益求精的精神，使我们依然能够欣赏到这个业已消失的西湖十景之一，感受到雷峰夕照的美。

拍摄雷峰塔的照片，只不过是费佩德众多拍摄活动的一个片段。1908年，费佩德从宁波调到了杭州的育英书院任教。一踏上杭州的土地，他就深深地为西湖的自然环境之美所吸引。如此景色怡人的城中之湖，如此独具特色的自然风土，怎不让他动心？因此，每逢周末，他总是带着相机在西湖的周边地区转悠，他总是想尽可能地发现西湖的美，感受杭州的好。

短短的一两年工夫，费佩德就跑遍了杭州的著名景点，成了西湖景点的一个活地图。他的照片里有宏观的西湖全景图，为了拍摄西湖的全景照片，他曾经反复到宝石山和葛岭的山顶上去观察，寻找最佳的拍摄地点。可以说，宝石山和葛岭都布满了他的足迹。他的照片里还有许多微观的景点，如六和塔、孤山、平湖秋月、岳坟、白堤、龙井、北高峰等等，把杭州的自然风光很好地展现在世人面前。

除了拍摄杭州西湖、运河、钱塘江等自然风景照片外，费佩德还拍摄了一些人文景观照片，向人们介绍杭州城里的学校、佛寺、道观、尼姑庵等。同时，他还拍摄了社会各阶层人民的照片，真实记录了杭州的社会风情。

"由于他拍摄的照片时间早，而且清晰度高，所以无论是它们的艺术价值还是历史价值都非常高。照片中往往保留了一些不为人所知的珍贵细节，可以揭示杭州西湖在清末民初的本来面貌。事过境迁，这些照片现在已经名副其实地成为了反映杭州丰富自然和人文底蕴的一份不可多得的非物质文化遗产。"

费佩德对杭州的旅游发展还有一定的贡献。到杭州不久，他就积极准备撰写一部名为《杭州——浙江游记》（Hangchow-Chejiang Itineraries，1918）的书，他用英文写作的目的在于希望这部书能向西方人介绍杭州

钱塘江边滩涂上的牛车（费佩德摄于1920年前后）

风景和历史文化。写好了文本后，他还拍摄了许多照片作为书中的插图。

该书于1918年出版，迅速成为当时的畅销书。从那时起，一直到1937年抗日战争的全面爆发，费佩德一直在增补和再版这部著作。在当时的杭州街头，我们经常能看到许多外国人来杭州旅游时，手里都拿着这本书作为旅游指南。

费佩德还同杭州的教育有缘。1922年，费佩德出任之江大学第三任校长。之江大学是基督教美北长老会和美南长老会在中国杭州联合创办的一所教会大学，司徒雷登的弟弟司徒华林也在此任过校长。

1915—1919年，费佩德两次回美国巡回演讲，目的是为在之江大学造房子而进行募捐。在演讲过程中，为了便于美国的听众更好地了解他所讲的内容，费佩德把他在杭州的照片做成了幻灯片。有声有色的演讲、有情有景的展示，很好地吸引了观众，他成功地募集到了预定的款项。

1931年，国民政府教育部为了收回教育权，下令外国人不得担任大学校长，费佩德只好改任副校长，直到1945年离开中国。

抗日战争期间，费佩德一如既往地用他的照相机记录他的所见所闻。抗战全面爆发后，费佩德经过两周跋涉来到上海，他说他在江西医院见到了3万名中国伤兵，在浙江见到2万多名伤兵，他的记录见证了日军的残暴，也记载了战争的残酷。他同情中国人民，因而被日军长期关押，身心受到了很大的摧残。1954年，他在美国加利福尼亚州的家里去世。

六、用镜头记录美丽杭州的甘博

甘博长女凯瑟琳·甘博在美国普林斯顿亚洲协会的一次会议上发现，"投映在墙上的一些有关中国风土人情的幻灯片是父亲拍摄的，这些幻灯片美丽而着色奇异"。

1908年，一位18岁的美国青年踏上了中国的国土，他就是刚刚高中毕业，受家人之邀前来中国旅游的甘博。说起甘博，可是大有来头。他是宝洁公司创始人之一詹姆斯·甘博的孙子，从小生活条件优越，高中毕业即将进入常青藤名校普林斯顿大学学习，有当时一般人难以企及的兴趣爱好——摄影，用我们现在的话来说，是妥妥的一枚高富帅"小鲜肉"。

随父母来华旅游的甘博一开始是抵触的，遥远而古老的东方古国在他的心中很难引起共鸣。然而，这次来华旅行，却让他产生了"就像是被一只东方的昆虫叮咬了一口"的感觉，他一下子就被这个古老神秘的国度迷住了。他开始研究伟大的东方文化，他震惊于这个古国的贫穷，更着迷于这里勤劳好客的人民——这次旅行使他和中国结下了毕生的不解之缘。正是出于这种魂牵梦萦，甘博在此后的数十年间又多次寻访中国。

提起甘博，必然绕不开之江大学校长费佩德。甘博在第一次造访杭州（之江大学所在地）时，便与年长自己十几岁的费佩德结为挚友。他们两家渊源颇深，上文说过费佩德回美国募捐建造之江大学校舍的资金时，甘博的家人给了他巨大的支持。

甘博及其家人毫不含糊地为之江大学新校区建设捐赠了用于盖一座大楼和修建浙江首个大型田径运动场的

1919年钱塘江边的滩涂与六和塔

第七章 观交往，你来我往是方向

运盐船正在卸货

203

一笔巨款。后来这座大楼被称为"GambleHall"——甘博堂（东斋），那座田径运动场则是中国最早按照奥林匹克标准建造起来的现代运动场之一。

作为同样对中国人文地理有强烈兴趣的摄影发烧友，甘博与费佩德曾共同完成一项壮举：1917年6月，他们两人及另一位朋友，在上海会合，溯扬子江而上，4个多月的时间里，一路风尘仆仆走遍大半个中国，拍摄了3500多张景致各异、内涵丰富的黑白照片。

在1917年到1932年期间，甘博作为一名志愿者，先后任北京基督教青年会和中国平民教育运动的社会调查干事，并就职于燕京大学基金会。为了深入研究五四运动前后的中国政治、经济、宗教、民俗的各个方面，他通过问卷调查、实地访问、拍摄照片及影片等方式，精心研究北京及中国其他地区的社会面貌。尤其是他拍摄的照片记录了中国各地社会风俗、老百姓日常生活的方方面面，为中国的这一重要历史时期留下了珍贵的影像档案。可以说，他是一位研究中国的学者和社会学家，也是一位颇有成就的业余摄影师。

甘博留给后人的最大财富是他费尽千辛万苦拍摄的照片，这些照片的发现还有一段曲折的经历。1968年，甘博在美国纽约去世。人们在整理他的遗物时，发现壁橱里的几只檀木盒子中存放着几百张人工着色的彩色幻灯片，另外的几个鞋盒子里则装满了近6000张黑白照片的底片。这些照片有一个共同特点，每张照片下都有一个简短的文字介绍，说明他拍摄时带有明显的主题性和目的性，这也为我们研究当时的中国历史提供了借鉴。

唯一可惜的是，这些说明过于简略，时间久长之后，让人们难以对上号。1989年，这些相片首次在北美19

甘博给之江大学新校区捐赠的田径运动场是浙江省最早的现代运动场之一

第七章 观交往，你来我往是方向

个城市及中国 13 个城市巡回展出，引起巨大轰动。为了使这批珍贵的历史影像得到更为妥善的保管，2006 年，他的长女凯瑟琳女士将其父拍摄的这批老照片及底片捐赠给了美国杜克大学。

要用语言来表述甘博拍摄的这些照片的价值是很苍白的，我们还是要从照片中感受这种美，以及这种美后面所蕴含的社会价值。

古朴的图像记载了杭州景色的优美，生活的一角展示了杭州的风情，纯真的眼神衬托出人性的光辉。甘博的照片跨越了历史，跨过了世纪，留下了生活的美好与历史的记忆。

205

七、历史的见证——拱宸桥

一座拱宸桥，半部杭州史。（杭州谚语）

《论语·为政》中提到："子曰：'为政以德，譬如北辰，居其所而众星共之'。"拱宸桥之名由此而来，古汉语中"拱"与"共"相通，"宸"与"辰"互用，其寓意为老百姓拥戴实行德政的统治者。一座古桥，承载着杭州人民多少的理想与祝愿。

可能很少有一座桥能承载如此之多的历史与情怀：对远足他乡的杭州人来说，拱宸桥就是当时杭州城市的标识，看到了拱宸桥，就意味着走到了大运河的终点，就意味着回到了故乡怀抱；对广大的杭州百姓来说，看到拱宸桥，就仿佛步入了杭州近代历史的第二课堂，耻辱与辉煌、拼搏与抗争，历史在古朴的桥砖上深深刻画——拱宸桥就是杭州历史的见证之一。

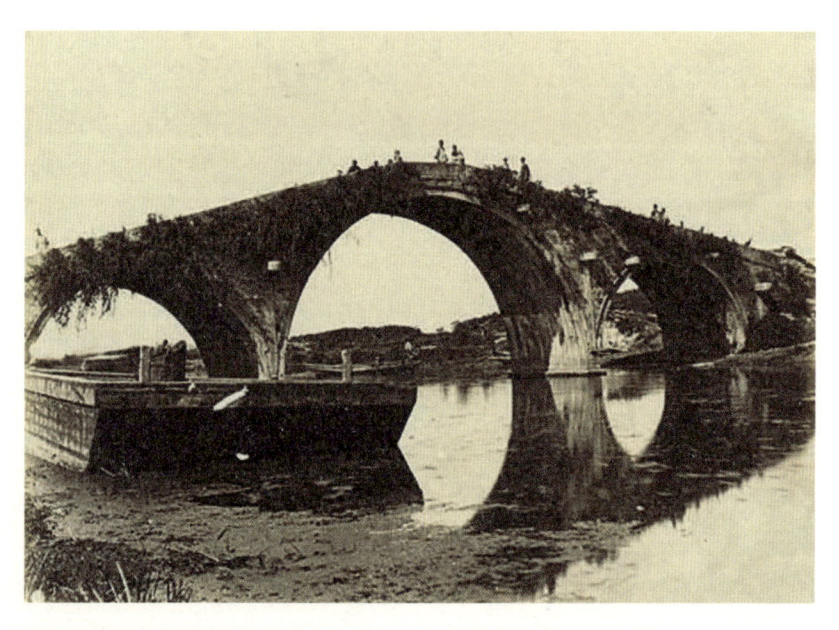

清代的拱宸桥

这座横跨京杭大运河的古桥，是杭州最大、最长、最阔的石拱桥之一，位于杭州北新桥东北，建于明代，距今已有近 400 年。我们今天不讲它的建造史，而是去近距离了解它在近代历史上的屈辱与抗争。

1901 年，年仅 13 岁的张英杰来到杭州，在城北的拱宸桥畔安营扎寨。作为一个心存高远的戏曲界新星，他给自己取了一个当初被认为不知高低，后来证实是名副其实的艺名——盖叫天。经过他自己的不懈努力和戏班子的全力支持，盖叫天在拱宸桥一炮打响，一举成名。

盖叫天为什么能在拱宸桥一带唱戏并能一举成功呢？我们还真应该来好好了解当时的杭州历史。

清政府在甲午战争中败北后，于 1895 年被迫签订丧权辱国的《马关条约》，杭州作为新增的通商口岸，正式开埠。根据《马关条约》第六款，日本船只可以从上海驶进吴淞江及运河直至杭州，日本政府还可以派领事官在杭州驻扎。

1895 年 11 月，一个趾高气扬的日本人来到杭州，他就是日本谈判代表珍田舍己。这家伙是个中国通，还懂英文，他是根据第六款的相关规定，来杭州与清政府商谈设立专有租界事宜的。珍田舍己一开始提出的想法是在涌金门旁的西湖边开辟租界，这样一来，必然会为日本人染指杭州城区事务提供便利，这是清政府无法容忍的。由于当时的拱宸桥距城区相对较远，经济也不是特别发达，清政府只愿将此处划为外国人的公共居留地。

1896 年 9 月 27 日，中日双方经过激烈争执，最终签订《杭州塞德尔门原议日本租界章程》，划定了面积 1809 亩的福连塞德尔门，属于由中国政府管理的外国人居留区，其中北半部约 900 亩为日本人居留区。

1897 年 5 月 13 日，双方在杭州重新签订了开辟杭州日租界的章程《杭州日本租界续议章程》，规定日本人居留区改为日本专管租界。当时的拱宸桥边，茶馆、戏馆、烟馆、菜馆林立，冷清的拱宸桥一时之间热闹起来。

当盖叫天来到拱宸桥唱戏的时候，这里已经成为繁华的场所，商业发达、文化兴盛，水陆交通方便，四方各色人等会集于此。一位有着巨大潜力的戏曲新星，凭借自身的天赋与勤奋，在各色人等面前华丽亮相。这样看来，盖叫天的火就在情理之中了。

此时的拱宸桥还见证了一段不堪的历史。伴随着杭州成为通商口岸和日本租界，1896 年，杭州也正式设立海关。但耻辱的是，中国人的海关，却是由英国人控制的。因为当时中国的海关总税务司是英国人赫德，因此，拱宸桥边的杭州海关也由他指派的英国人李士理来管理。杭州海关在拱宸桥以北通商场建成后，全称为"杭州关税务司署"。

自己的税却要由洋人来收，老百姓心中自有一杆秤，他们都把杭州海关称为"洋关"，表达无声的抗议。三幢殖民地风格的红楼（就在今天的杭州市第二人民医院内）现在仍以其独特的建造风格，诉说着半殖民地的屈辱，提醒我们不要忘记过去。

当然，拱宸桥也见证了杭州人民的努力与抗争。卢沟桥事变后，日本一面野蛮地扩大对华的侵略，一面有步骤有计划地撤退日本在华日侨和日租界中的一切设施。日租界由国民党杭州市政府"代管"，中国曾经短暂接

日军盘踞杭州时的拱宸桥日本租界

收了这一无日人居住的租界。杭州沦陷后,日军在洋关设立大本营,同时驻扎日本宪兵队队部,租界重又恢复。日本人在租界内划出一片土地,专作杀人的刑场。日本投降后,人们曾在低洼处挖出累累白骨。

太平洋战争爆发后,西方各国纷纷放弃在中国的租界,把租界归还给中国,以取得中国的支持。日本人眼见形势不妙,便导演了一幕丑剧。1943年3月,将杭州日租界"交还"给汪伪政府,但实际上仍旧处于日本的控制之下。

1945年8月15日,日本宣布无条件投降,日寇驻拱宸桥所部于拱宸桥缴械投降。这一长在杭州的毒瘤终于被彻底清除,拱宸桥终于看到了中华民族扬眉吐气的一幕。1949年5月3日,杭州解放,拱宸桥真正回到了人民的怀抱。

新中国成立后，拱宸桥一带被规划为杭州市的轻工业基地，浙麻、杭一棉、杭丝联纷纷入驻。一时间，杭州城北郊成为整个东亚地区最大的纺织产业园区。运河两岸、拱宸桥上，来来往往的工人、如火如荼的场面，形成了新中国建设的美好画面。

参考文献

1. ［美］丁韪良：《中国觉醒：国家地理、历史与炮火硝烟中的变革》，沈弘译，世界图书出版公司，2010年。

2. ［美］丁韪良：《花甲忆记（修订译本）》，沈弘、恽文捷、郝田虎译，学林出版社，2019年。

3. ［英］慕雅德：《中国：在华三十年的观察和回忆》，丁光译，上海三联书店，2021年。

4. ［美］威廉·埃德加·盖洛：《中国十八省府》，沈弘、郝田虎、姜文涛译，山东画报出版社，2008年。

5. 毛泽东：《毛泽东选集（第四卷）》，人民出版社，1991年。

6. ［美］司徒雷登：《在华五十年：司徒雷登回忆录》第1版，中央编译出版社，2011年。

7. 徐百柯：《民国那些人》，中央编译出版社，2007年。

8. 沈弘、［美］罗伊·休厄尔：《天城记忆：美国传教士费佩德清末民初拍摄的杭州西湖老照片》，山东人民出版社，2010年。

丛书编辑部

艾晓静　包可汗　安蓉泉　李方存　杨　流
杨海燕　肖华燕　吴云倩　何晓原　张美虎
陈　波　陈炯磊　尚佐文　周小忠　胡征宇
姜青青　钱登科　郭泰鸿　陶文杰　潘韶京
（按姓氏笔画排序）

特别鸣谢

魏皓奔　杨作民　丁云川　徐海荣（系列专家组）
魏皓奔　赵一新　孙玉卿（综合专家组）
夏　烈　李杭春（文艺评论家审读组）

图片作者

于广明　邬大江　张　望　阿乐头　周　宇
郑从礼　姜青青　曹冠伦　韩　盛
（按姓氏笔画排序）